# 高校商務英語人才培養研究

柳葉青 著

# 前　言

　　一個國家的經濟發展與社會進步靠的是人才。培養人才是教育的關鍵任務。大學是教育行業向社會輸送人才的最后一站。我們要培養什麼樣的人才，我們要怎樣培養社會所需要的人才？時代向我們提出了許多挑戰。

　　商務英語就是應社會需求而誕生的一個新學科。隨著這個產生於社會實際需求、起步於教學實踐的專業的誕生，許多新的挑戰也隨之而來。商務英語教學脫胎於英語語言文學教學，在人才培養觀、人才培養模式、教學方式等方面還深受英語語言文學專業的影響。商務英語人才的培養該遵循怎樣的規則？該學科的未來成長如何保證人才培養的質量？ 我們還在不斷地探索與追求。但有一點我們很明確， 那就是需要進一步改革人才培養模式，來適應社會對人才的需求。人才培養取決於學科的發展。為了讓這個根基還不穩的稚嫩學科逐漸茁壯成長起來，我們必須維持它的長久核心競爭力。

　　現階段對商務英語人才的需求非常旺盛，許多涉外企業需要大量的各種層次的商務英語人才。但是，我們同時也發現，目前的畢業生與企業的需求又有著一定的差距。比如我們的畢業生專業知識、能力與英語語言的結合度不高。有的畢業生英語語言能力是合格的，但是商務專業能力不足，不能處理業務過程中出現的專業問題。有些學生缺乏處理工作中的一些突發問題的

能力，缺乏靈活性和創新精神，不適合在競爭激烈的行業中工作。多數畢業生實踐能力差，不能很快進入工作狀態，企業需要很長時間對其進行重新培訓。這樣一來，不少企業對一部分商務英語專業的畢業生產生了失望的情緒。商務英語專業的人才培養目標、培養模式和學科建設是人才培養的重點研究內容。目標決定了模式的選擇，學科的建設也要圍繞人才培養目標和模式進行。我們需要的人才不僅僅是英語+商務的簡單組合，而且是融合了多種學科知識與技能的，具有創新能力、國際化視野和跨文化交際能力的真正的複合型人才。我們的教學模式、課程設置、教學管理都要進行相應的配套改革，這些都將圍繞以人為本的教學理念和我們的目標定位逐步展開。

  本書立足於社會對商務英語人才的需求，討論了商務英語人才培養的重要環節，並力圖在以下方面對商務英語人才的培養模式有所突破：第一，商務英語人才要注重通識教育。通識教育與複合型人才培養並非同一概念，但是它們之間具有兼容性，因為英語語言學科的教育本身就具有通識教育的功能。在人文素質教育比較缺失的今天，我們應該有意識地在這一方面下更大的功夫，以培養學生未來長久發展的能力。第二，商務英語人才培養的目標中要強化「國際型」因素。商務活動是一種跨文化活動，在這個全球化的時代，中國商務活動的範圍將越來越廣泛，因此對人才的國際視野、跨文化交際能力將會提出更高要求。所以在學校環境建設和課程設置與教學活動中要強化「國際型」人才培養手段。第三，建立商務英語人才分類培養制度，適應社會對人才多樣化的需求，同時滿足學生個性化的教育需求。

  全書共7章：第1章，緒論；第2章，相關研究文獻綜述及研究評述；第3章，中國商務英語人才需求與供給現狀；第4章，商務英語人才培養的目標定位；第5章，綜合型商務英語人才培養模式構建；第6章，商務英語學科建設與人才培養；第7章，商務英語專業教學管理工作建議。

柳葉青

# 目　錄

第 1 章　緒論／1
　1.1　研究背景及意義／2
　1.2　相關概念／3
　　1.2.1　專門用途英語（ESP）／3
　　1.2.2　商務英語／4
　　1.2.3　複合型外語人才／5
　　1.2.4　通識教育與專業教育／6
　　1.2.5　人才培養模式／7
　1.3　研究框架／8

第 2 章　相關研究文獻綜述和研究評述／10
　2.1　相關研究文獻綜述／10
　　2.1.1　國外相關研究綜述／10
　　2.1.2　國內相關文獻綜述／19
　2.2　研究評述／36

第 3 章　中國商務英語人才需求與供給現狀／38
　3.1　商務英語人才需求現狀／38
　　3.1.1　對外商務活動發展壯大，對外商務環境逐漸複雜／39
　　3.1.2　社會對商務英語人才需求標準日益提高／42
　　3.1.3　學生自身對教育的需求標準提高／46
　3.2　商務英語人才供給現狀／47
　　3.2.1　企業評價普遍不高／47

3.2.2　畢業生對工作經歷評價不高 / 49

## 第4章　商務英語人才培養的目標定位 / 63

**4.1**　人才培養目標定位的概念內涵 / 63

**4.2**　商務英語專業人才培養目標定位的重要性 / 63

  4.2.1　發掘自身優勢，增強專業競爭力 / 64

  4.2.2　為改革辦學模式確定方向 / 64

  4.2.3　為學科建設找到價值參照 / 67

**4.3**　商務英語專業人才培養目標定位 / 69

  4.3.1　應用型人才 / 69

  4.3.2　具有特色的複合型人才 / 71

  4.3.3　國際化人才 / 75

  4.3.4　創新型人才 / 79

  4.3.5　地方性人才 / 80

  4.3.6　通才+專才型人才 / 83

## 第5章　綜合型商務英語人才培養模式構建 / 85

**5.1**　商務英語本科人才培養模式的演化 / 85

**5.2**　現行人才培養模式存在的問題 / 87

  5.2.1　培養路徑不科學 / 87

  5.2.2　課程設置不夠完善 / 88

  5.2.3　教學體系落後 / 89

  5.2.4　缺乏全面的人才培養評價體系 / 91

**5.3**　綜合型商務英語人才培養模式的構建 / 91

  5.3.1　商務英語人才培養路徑的選擇 / 92

  5.3.2　課程設置的優化 / 92

  5.3.3　改善教學及其運行管理體系 / 99

  5.3.4　構建科學的人才培養評價體系 / 104

## 第6章　商務英語學科建設與人才培養 / 107

**6.1**　學科的概念內涵 / 107

6.1.1　學科的定義 / 107

　　6.1.2　學科與人才培養 / 108

　　6.1.3　學科建設 / 108

6.2　商務英語學科的發展現狀 / 109

　　6.2.1　商務英語學科的定位 / 109

　　6.2.2　商務英語學科的出現——社會需求的必然 / 109

　　6.2.3　學科建設——商務英語專業發展的依托 / 110

　　6.2.4　商務英語學科建設研究的對象 / 111

　　6.2.5　商務英語學科發展中存在的問題 / 112

6.3　商務英語學科建設建議 / 114

　　6.3.1　建設商務英語學科本體性 / 114

　　6.3.2　加強科學研究 / 120

　　6.3.3　商務英語學科文化的建設 / 124

# 第7章　商務英語專業教學管理工作改革建議 / 130

7.1　人才分類培養制度的改革 / 131

　　7.1.1　分類培養的重要性 / 131

　　7.1.2　分類培養模式的內涵 / 133

　　7.1.3　商務英語專業人才分類培養的制度建設 / 135

7.2　建立國際化的教學管理制度 / 137

　　7.2.1　國際化教學管理制度的特徵 / 137

　　7.2.2　國際化人才培養教學管理措施建議 / 141

7.3　加強教師管理工作 / 142

　　7.3.1　建立以教學學術為中心的學術評價體系 / 142

　　7.3.2　嚴格教學質量管理 / 144

　　7.3.3　教師專業素質培訓制度的建立 / 145

7.4　加強商務英語專業教材管理 / 146

# 第 1 章　緒論

近年來，中國的國際商務活動越來越頻繁，而且層次明顯提高，對商務英語人才的需求也大量增加。中國社科院發布的 2010 年人才藍皮書《中國人才發展報告（2010）》調查顯示，未來三年大中型跨國公司在中國需要 70 萬~80 萬人，再加上所有外資企業和外貿公司，商務英語人才需求量達到 200 萬~300 萬人。目前，中國的商務英語教學也已經形成了相當大的規模，截止到 2013 年 7 月，教育部已批準全國 64 所高等院校開設商務英語專業課程。全國大約有 2000 所大專院校開設了商務英語專業或專業方向①。然而，商務英語教學和科研相對滯后，未能滿足高層次商務活動交流的需求。《中國人才發展報告（2010）》中也指出，中國大學人才培養機制與社會需求 脫節，僅 10% 的中國大學生符合跨國公司人才需求。

從普遍情況來看，目前大多數大學在商務英語專業的人才培養方面還存在不少問題：教學過程缺乏語言與商務的有機結合，課程設置缺乏層次性，知識的學習缺乏體系性，教育模式仍然採用傳統的應試教育模式，即基本上每門課程都經過課堂講解后進行期中或期末的開卷或閉卷考試。這種人才培養模式造成的結果常常是學生對所學的商務理論知識僅僅是死記硬背，沒有真正地理解、沒有實踐、沒有延伸。學生的人文素質普遍有所欠缺，缺乏洞察力、交際能力和學習新事物的能力。

當前，我們正處於一個發展迅猛的時代，外語專業人才的培養規格應該隨著時代的變化而變化。開辦商務英語專業的院校應該根據自身的辦學基礎和特色，以及人才市場對畢業生的需求結構，確定適合自身發展的人才培養模式。因此，當前大學在商務英語人才培養方面急需深化人才培養模式的改革，擺脫傳統應試教育的困擾，加強對學生綜合素質的培養，實施素質教育方針。

---

① 曹德春. 跨學科構建商務英語理論體系的共同核心 [J]. 中國外語，2011（3）.

## 1.1　研究背景及意義

　　《國家中長期教育改革和發展規劃綱要（2010—2020年）》規定，高等教育要「適應國家經濟社會對外開放的要求，培養大批具有國際視野、通曉國際規則、能夠參與國際事務和國際競爭的國際化人才」。外語類專業是最有可能實現國際化人才培養目標的專業。國際型或國際化人才並不是一個抽象的概念，而是指具備以下八種素質的人才：具有比較寬廣的國際視野；具有較強的創新意識和創新能力；掌握本專業領域最新知識、技術與信息動態；了解國際商務規則和慣例；具有參與國際商務競爭的勇氣和能力；熟悉中外多元文化，具有良好的跨文化溝通能力及國際交流與合作能力；具備較強的運用和處理信息的能力；具備較高的政治素質、心理素質和愛國情懷。基於以上方面要求，商務英語人才培養必須適應新形勢的要求，做出必要的改革。

　　新形勢要求人才培養的規格要有所變化，要從主要適應傳統貨物貿易的人才規格向能夠適應現代服務貿易的人才規格轉變。與發展迅速的貨物貿易相比，中國的服務貿易發展相對滯后，總體競爭力不強。與此同時，中國的貨物貿易發展正在遭受前所未有的嚴峻考驗。當前，貿易伙伴國之間的貿易摩擦在加劇，一些國家的貿易保護主義抬頭，當前中國的國家戰略是要實現外貿增長方式的轉變和服務貿易和貨物貿易的協調發展[1]。有條件的院校應該盡快提升商務英語專業的人才培養規格以滿足國家發展的需要。

　　新形勢對人才的知識、能力的專業化和複合化提出了更高要求。專業化和複合化看似矛盾，其實這是新形勢對人才規格需求的兩個方面，我們既要為學生今后多方面發展夯實專業基礎，又要使學生「術業有專攻」，符合國際商務領域用人單位的需求。具體來講，商務英語專業應該培養具有扎實的中英文基本功、了解英語語言文學、應用經濟學、工商管理學和國際商法等學科的相關知識和理論，掌握專門的國際商務知識與技能，具有較高的人文素養、比較寬闊的國際視野、較強的思辨能力、博弈能力和跨文化交際能力，能在國際商務活動中熟練使用信息通信工具，了解國際商務活動規則，能參與國際商務競爭與合作，能勝任涉外企事業單位、跨國公司、政府部門乃至國際組織相關工作的高素質國際型、複合型人才。

　　新形勢要求商務英語專業應該培養特色鮮明的國際商務人才。經濟和社會

---

[1]　石廣生. 中國對外經濟貿易改革和發展史 [M]. 北京：人民出版社，2013.

對商務英語人才的需求是多層次的，我們既要滿足經濟社會的一般需求，又要主動適應發展需要，為國際組織、政府部門和跨國公司培養高素質人才。開辦商務英語本科專業的院系負責人應該思考如何揚長避短，辦出特色，如何在為學生潛在的發展打下堅實的專業基礎的同時，根據學校的辦學基礎、辦學傳統和長期形成的辦學特色，迅速形成各自的競爭優勢。只有這樣，開辦商務英語專業的院校才能形成合力，並進而形成適應經濟全球化的國家競爭力。

新形勢也要求我們進一步明確商務英語的學科定位。商務英語人才的培養有賴於商務英語學科的建設與完善。名正則言順。至今一直困擾本學科發展的因素包括商務英語學科的本質和規律，人才培養的重點內容以及學科級別的劃分。商務英語是以商務為主，還是以英語語言為主？我們是培養懂商務的外語人才，還是懂外語的商務人才？商務英語到底是劃分到語言學學科下屬的應用語言學的一種還是劃分到經濟學下屬的應用經濟學中，成為與國際商務、國際貿易、世界經濟相交叉的一門二級學科？學科的建設與完善直接影響著人才培養的方向與質量，這方面急需相關人員進行大量的研究。

在經濟全球化進程不可逆轉、社會發展和科技進步日新月異的今天，我們必須做一些前瞻性的思考。更加確切地說，我們應該思考如何使英語專業教育不滯後於經濟、社會和科技的發展，如何使英語專業教育更好地服務於國家的各種需要。有關商務英語人才培養的研究無疑具有重要的意義。

## 1.2 相關概念

### 1.2.1 專門用途英語（ESP）

ESP（English for Specific Purposes）是英語語言教學領域中新崛起的一門分支學科，是隨著國家之間的科學、技術、經濟和文化交往的日益增多應運而生的，是一門使學習者實現英語知識和技能專門化二者統一的應用型課程。語言學界對 ESP 的研究至今已有 40 多年的歷史。1964 年，Halliday 在與他人合著的 *The Linguistic Sciences and Language Teaching* 中提出了 ESP 的概念：「English for civil servants; for policemen; for officials of the law; for dispensers and nurses; for specialists in agriculture; for engineers and fitters.」由此可見，ESP 是指與某種特定職業、學科或目的相關的英語，即專門用途英語。它們都有共同的特點：一是有明確的目的，應用於特定的職業領域；二是有特殊的內容，涉及與該職業領域相關的專門化內容。具體地說，ESP 主要研究英語在使用過程中由

於行業、團體、功能等因素而產生的變體及其規律①。

ESP教學把需求分析作為教學的出發點和中心，探討和分析英語各種功能語體的特殊性和規律性，幫助學習者逐步具備以英語為媒介進行某專業學科交流的能力，提煉出與職業領域相適應的英語應用能力，形成一個針對性強、以實用能力訓練為中心的教學途徑，其基本特點是「用中學，學中用，學用統一。」

在社會需求推動及ESP理論指導下中國的商務英語學科逐漸發展和壯大了起來。在發展過程中，我們對商務英語這個核心概念的認識逐步深入、不斷完善。

### 1.2.2 商務英語

概括地講，當前社會各界對商務英語採用了兩種不同的認識路徑。一種是把商務英語當作「專門用途英語」（English for Specific Purposes）的一個分支來看待，另一種是從「商務話語」（Business Discourse）的視角來認識商務英語，把它看作英語在商務領域和活動中的使用。兩種路徑各有自己依賴的理論概念和研究方法，這揭示了商務英語的不同側面②。

商務英語的定義處於不斷的演變之中，學術界普遍認為商務英語是專門用途英語的變體，到了2007年之後其內涵更加通俗易懂。陳準民（2008）從「商務英語」的英文「Business English」內涵出發對商務交際活動中使用的英語做了解釋。他的定義很全面且最易於接受：商務英語的定義可寬可窄。最窄的定義是「只有與商業直接有關的英語才能叫商務英語」。稍寬一點的定義是「一切與商業相關的領域（經濟、管理、法律等等）的英語都算商務英語」。最寬泛的定義則是「凡是一切超越了私人關係的英語都是商務英語」，因為商務英語來自「business English」，而「business」在英語中的定義絕不僅僅是商務，只要不是「personal」的東西都是「business」。因此，「business」既可譯為「商務」，也譯為「公務」。這也是為什麼飛機上的「business class」被譯為「公務艙」而不是「商務艙」，「go on a business trip」被譯為「出公差」而不是「出商差」。可以說，除了經濟、管理、法律，其他領域（如政治、外交、

---

① 施敏. 話語共同體和ESP的理論本質[J]. 外語與外語教學，1999（9）.
② 對外經濟貿易大學商務英語理論研究小組. 論商務英語的學科定位、研究對象和發展方向[J]. 中國外語，2006（5）.

媒體、社交等）的英語都是「business English」，都是商務/公務英語[①]。

翁鳳翔、辛瑞娟（2012）則認為，商務英語包括三層含義：人們在從事跨文化商務交際活動中所使用的英語；大學的專業；一門新興的獨立學科。作為學科的商務英語可以定義為一個涉及語言學、心理學、社會學、經濟學、管理學、法學、教育學、計算機科學等相關學科的應用型交叉學科。

有一些學者認為，商務英語學科的形成，僅有其使用範圍的界定以及ESP教學理論是不夠的，不足以支撐這門學科在未來人才培養與學科建設的需要。必須要有完整的理論體系作支撐。建立屬於商務英語學科的理論體系是當務之急。英語作為ESP中的一個分支，其獨特的發展方式、巨大的發展規模足以促成一門新興學科理論的生成——商務英語語言學。王立非（2013）認為商務英語語言學就是從不同的理論語言學視角研究英語如何在國際商務中的應用，是英語語言學和國際商務學的交叉。商務英語語言學可以包括以下十三個組成部分：商務英語詞彙學、商務功能語言學、商務認知語言學、商務語用學、商務話語分析、商務翻譯學、跨文化商務交際學、商務社會語言學、商務對比語言學、商務語料庫語言學、商務英語教育學、英語經濟學、商務英語研究方法。

在過去20多年的辦學過程中，國際商務英語專業在很大程度上偏重於抓商務英語的普及和推廣，並未在學科理論體系的研究方面形成統一的認識。為了人才培養的可持續發展，商務英語學科急需在學科理論體系的建設方面形成有關其本體性的統一認識。

### 1.2.3 複合型外語人才

教育部於1998年向全國有外語專業的大專院校轉發了《關於外語專業面向21世紀本科教育改革的若干意見》，裡面對複合型外語人才作了如下的描述：「扎實的基本功、寬廣的知識面、一定的專業知識、較強的能力和較高的素質。」

扎實的基本功是指扎實的外語知識，即語音、語調的正確，詞法、句法、語篇的規範及熟練運用外語進行交流的能力，這是複合型外語人才的基礎。寬廣的知識面是指複合型人才在熟練掌握外語知識的基礎上，還要了解其他相關學科的知識，諸如外交、經貿、外事、新聞、法律、語言、文學等。一定的專

---

[①] 陳準民. 商務英語本科培養方案中的幾對關係 [M] // 葉興國. 新形勢下的商務英語教學與研究. 上海：上海外語教育出版社，2008.

業知識是指除外語知識之外的某一複合專業知識。複合型外語人才是社會經濟發展的新要求，是對傳統外語人才素質要求的突破。複合型外語人才的培養更注重人才的基礎性、全能性及潛能性。

對複合型外語人才的培養，國內有贊成和反對兩派意見。贊成者認為複合型培養模式是非英語國家在特定的發展時期特有的產物，受到了市場的認可，是未來改革的方向①。反對者認為如果外語人才的培養主要受社會需求和市場的驅動，會缺乏必要的學術支撐（秦秀白，2000），認為英語專業應該回歸人文學科本位（胡文仲、孫有中，2006）。

全球化和中國經濟的轉型決定了未來相當長的時期內對複合型外語人才的需求，應用型的跨學科人才培養是必然的選擇。從教學活動參與者對自我的認識來看，很多學生選擇英語專業並不是出於對語言文學的興趣，而是希望借助英語技能實現「國際人」的理想。從社會宏觀角度來看，我們應從人文主義的視角建設完整的包括社會、文化、歷史、經濟、政治等多方面內容的外國語言研究體系，這樣才能拓展人才培養的空間，幫助受教育者完善知識結構，提高實踐能力和創新能力。如此看來，外語人才的培養需要走複合化道路，尤其是外語與經濟貿易等學科的複合。

### 1.2.4 通識教育與專業教育

通識教育既是大學的一種理念，也是一種人才培養模式，其目標是培養完整的人（又稱「全人」），即具備遠大眼光、通融見識、博雅精神和優美情感的人，而不僅僅是某一狹窄專業領域的專精型人才。美國博德因學院（Bowdoin College）帕卡德教授（A. S Packard）於1829年撰文寫道：「我們學院預計給青年一種general education，一種古典的、文學的和科學的，一種盡可能綜合的教育，它是學生進行任何專業學習的準備，為學生提供所有知識分支的教學，這將使得學生在致力於學習一種特殊的、專門的知識之前對知識的總體狀況有一個綜合的、全面的了解。」②

就中國高等教育實踐而言，有學者認為通識教育就是通才教育，其目的是改變過去專業過細、過分強調專業而培養出「工匠式人才」的教育觀念與實踐，即在大學期間注重對學生進行「厚基礎、寬口徑」的培養。

專業教育（professional education）指的是根據國家教育行政部門規定的專

---

① 戴煒棟. 第四屆高等學校外語專業教學指導委員會工作思路 [J]. 外語界, 2007 (6): 2-5.

② 李曼麗. 通識教育——一種大學教育觀 [M]. 北京：清華大學出版社, 1999.

業劃分為大學生提供的專門教育，目的是讓學生掌握本專業的基本知識和技能，成為該專業領域的高級專門人才。到19世紀末期，西方傳統大學開設的自由課程已不能吸引當時的年輕人，相反，專業教育卻越來越受到各方面的歡迎。從此之後，高等教育專業化成為高等教育發展的主要特徵之一。

但是，隨著高等教育專業化趨勢越來越明顯，專業教育所產生的種種弊端也接踵而來。例如，專業教育造就了一批只懂自己專業領域的有限知識，而對其他領域知識相對缺乏的「單一人才」。此外，由於知識更新過快，在大學中學到的有限而單一的知識並不利於個人在社會中的發展。於是，專業教育思想受到質疑，自由教育思想又重新受到重視。

其實專業教育與通識教育向來都不是對立的。通識教育既是專業教育的補充與糾正，也是專業教育的延伸與深化，同時，通識教育又是專業教育的靈魂與統帥（季誠鈞，2002）。作為一種人才培養模式，「通識教育不僅要求學生學習本專業之外的知識和技能，而且應該對過分狹窄的專業教育進行改造，統領學生本科教育階段所有方面（包括學術基礎、社會適應性、倫理道德價值觀）的形成和發展（陳向明，2006）。」可以說，通識教育與專業教育並非對立的關係，而是相互包含、水乳交融的關係。

### 1.2.5　人才培養模式

近年來，關於人才培養模式的研究引起了高等教育界的廣泛重視，但仍處於理論探討的初級階段。學者們從不同的層面、不同的視角出發，形成了不同的認識和觀點。有關人才培養模式概念的表述甚多，可謂仁者見仁，智者見智，有「人才培養規範說」「人才培養系統說」「教育過程總和說」「培養活動樣式說」「教育運行方式說」「目標實現方式說」「人才培養結構說」「教學活動程序說」「整體教學方式說」和「人才培養方案說」等等。但是由於對人才培養模式概念認識存在誤區，這些對人才培養模式概念所下定義都有一定的局限。這些誤區包括：①內涵不明，把人才培養模式等同於人才培養，未能突出人才培養模式只是對人才培養過程的設計與建構。②對人才培養模式的外延把握不準，或是過於泛化，如將人才培養模式界定為「教育活動全要素的總和和全過程的總和」「培養目標、制度、過程的組合」等等；或是過於窄化，如將人才培養模式界定為只是「人才培養目標的實現方式」或「教學方式方法」。③將培養模式與培養途徑、培養條件混淆，如將人才培養模式界定為「人才培養的系統」。其實，在這個系統中不僅包括培養途徑，還包括諸如師資隊伍、教學硬件、校園文化、學術氛圍等培養條件。還有人認為，培養模式

純屬方式方法問題，將人才培養模式界定為「實施教學的程序和方式」，或「一種整體教學方式」，忽視了模式既有其構建功能，也具有對教學過程的一定解釋功能與對結果的預測功能。

董澤芳（2012）把人才培養模式定義為「培養主體為了實現特定的人才培養目標，在一定的教育理念指導和一定的培養制度保障下設計的，由若干要素構成的具有系統性、目的性、中介性、開放性、多樣性與可仿效性等特徵的有關人才培養過程的理論模型與操作樣式」。

要創新人才培養模式，首先必須認真解析人才培養模式的各個構成要素。人才培養模式的構成要素有：人才培養理念、專業設置模式、課程設置方式、教學制度體系、教學組織形式、教學管理模式、隱性課程形式和教學評價方式。人才培養模式的變化實質上都是其構成要素的變化；人才培養模式的創新也主要是對各構成要素的革新或重組。

## 1.3 研究框架

本書主要研究大學商務英語人才培養的理論與實踐，並進行培養模式與教學模式的設計。全書由七章內容組成，各章之間的關係如圖1.1所示。

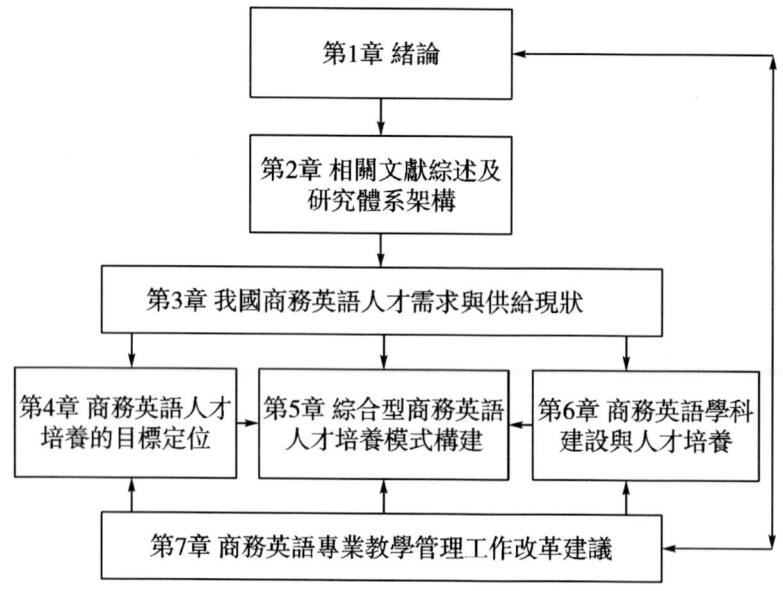

圖1.1 本書研究框架示意圖

第 1 章為緒論，說明本書的研究背景、研究意義以及相關的一些概念。

第 2 章為有關商務英語人才培養的各種文獻的綜述及研究評述，為商務英語人才的培養研究提供理論鋪墊。

第 3 章為中國商務英語人才需求與供給現狀，為商英人才培養的目標定位、培養模式和學科建設等研究工作提供有力的現實依據。

第 4 章為商務英語人才培養的目標定位，為大學商務英語專業人才培養改革確定正確、恰當的方向，確保培養模式與教學活動有的放矢。

第 5 章 對商務英語人才培養的模式進行了探討，較詳細地分析了培養模式中各種構成因素所存在的問題與改革方向。

第 6 章介紹了商務英語學科建設的現狀與目標，並提出大學商務英語學科建設工作應包含的重要內容。

第 7 章 從教學管理角度對商務英語專業人才培養的教學管理方式、教師管理方式和教材管理工作等方面提出建議。

# 第 2 章　相關研究文獻綜述和研究評述

## 2.1　相關研究文獻綜述

### 2.1.1　國外相關研究綜述

商務英語和專門用途英語（English For Specific Purposes）是關係極為密切的兩個概念。商務英語脫胎於專門用途英語（簡稱 ESP）。多數學者都同意商務英語是 ESP 的一個分支。不管是 ESP 研究，還是商務英語研究，國外的理論研究都要比國內的研究更為成熟。國外的商務英語專業也開始得比較早，在歐美一些發達國家的大學，商務英語在 20 世紀後半葉就已逐步發展成為一門比較成熟的獨立學科，而中國的商務英語在 20 世紀 80 年代才剛剛起步。《高等學校商務英語專業本科教學要求》（試行）把跨文化能力和人文素養納入商務英語專業學生專業知識與能力構成之中。這兩種能力的培養離不開跨文化能力研究和通識教育研究理論的指導。本書就國外 ESP 研究、商務英語研究、跨文化能力研究和通識教育研究幾個方面做一下介紹。

#### 2.1.1.1　國外 ESP 研究綜述

ESP 開始於 20 世紀 60 年代，指與某種特定職業或學科相關的英語。它是根據學習者的特定目的和特定需要而開設的英語課程（Hutchinson, Waters, 1987）。Hutchinson 和 Waters 在他們的合著中表明，英語作為外國語或第二語言的教學主要是出於第二次世界大戰以後各國政治和經濟發展的需要。如今，隨著世界經濟一體化趨勢的不斷加深，世界各國在政治、經濟、文化各方面的交流日益增加。科技英語、醫學英語、法律英語、傳媒英語、心理學英語、經貿英語等專門用途英語應運而生，迅速發展。國外 ESP 研究四十多年來，已經建立起完整的體系，其發展歷經了五個階段：

（1）語域分析階段。此階段著重於詞彙、語法和句子的分析，是 ESP 研究的初級階段。本階段的代表人物為 Peter Strevens、Jack Ewer、Latorre 以及 John Swales。根據 Ewer 和 Swales 等人的界定，語域分析是為了找出英語在諸如機器制造、電氣工程、生物工程、旅遊管理、商業貿易、國際金融等領域中的語法和詞彙方面的特點，而這些語言特點是制定教學大綱和編寫教材的重要依據①。在這一階段，人們通過對科技英語和普通英語異同的對比研究發現，科技英語在句子類型、句子長度、動詞形式、動詞時態諸方面都和普通英語有較大差異，但仍然沒有超出普通英語的框架。這一階段 ESP 教科書的編制基本上都是一種模式，即每一單元都由一篇長篇專業閱讀文章和標準的學術英語（English For Academic Purposes，簡稱 EAP）練習組成。而這些練習大體為通用英語（English For General Purposes，簡稱 EGP）+具體專業內容的閱讀文章。這樣的教材過多地注重了詞彙和語法等語言形式，對語言的使用和交流功能關注過少，這樣的教材讓學習者們往往感到很難用，因此 ESP 帶有很大的局限性。

（2）修辭或語篇分析階段。該階段將研究重點放在了超出句子以外的層面，即修辭和文本。本階段的領軍人物為英國的 Henry Widdowson 和被稱為華盛頓學派代表的 Larry Selinker、Louis Trimble、John Lackstrom 和美國的 Mary Todd Trimble。語域分析階段的關注重點是句子和語法。到了這一階段，研究重心轉移到理解語篇結構中句子是如何被組合在一起來表達某種意義上來。West（1997）在他的研究中提到 ESP 研究的第二階段更主要的是針對 ESP 語篇交際意義的分析。這一階段主要研究句子和段落、段落和段落的連貫與銜接（coherence&cohesion），研究如何下定義、描寫、敘述、論證、說明、寫主題句、把主題句擴展成段落、安排細節等。從語言功能的角度看，這種變化完全符合邏輯。此階段的研究目的是找到文本的組織模式並且確定這些模式所體現的語言學意義。

（3）目標情境分析階段。研究者們通過把語言分析和學習過程相結合，從而實現 ESP 研究成果的科學化。ESP 課程的開設目的就是使學習者在目標情境中更好地發揮作用。因此 ESP 課程的設置首先需要確定目標情境，然后對該情境的語言學特徵開展精確分析。該階段的研究結束了之前支離破碎不成體系的研究狀態，把此前的成果系統化且被置於課程設置的中心地位。目標情景分析把語言分析與學習者的學習目的緊密地結合起來。Stuart 和 Lee（1972）在他們頗具突破性的研究中分析了十種不同職業的目標情景需要，他們的研究

---

① 揭薇. 國外商務英語理論綜述 [J]. 商務英語教學與研究，2008（10）.

結果為這十種職業設定了最具代表性的普遍情景需要。可以說，ESP 的目標情景分析或需求分析是 ESP 的出發點和中心，也是 ESP 受到重視和普及的根本原因。不過，各種情景的模擬和分析都是建立在理想狀態之下，這和現實總是無法相對應，因此大多缺乏可操作性。

（4）技巧與策略階段（Skills and Strategies Analysis）。20 世界 80 年代，人們嘗試著關注語言表層之下的思維過程。使用任何一種語言，都會有一個思維和解讀的過程。從材料的角度而言，這種方法往往著重於閱讀和聽力的技巧。典型性的練習就是使學習者思考和分析在閱讀或聽說材料中，思維過程是怎樣發揮作用的。有些作者，如 Morrow（1980）就在其書中談到在閱讀中還要強調略讀（skimming）和瀏覽（scanning），寫作中強調銜接（cohesion）和連貫（coherence）。總之，技能分析的指導思想是：在任何一種語言運用中，都具有相同的思維和解釋過程。使用一定的技能可以通過語言的各種表面形式從語篇中悟出其規律。如使用構詞法和上下文可以猜測詞義，從布局和排列形式可以分析文章語篇結構、體裁等（揭薇，2008）。

（5）學習者為中心的階段。二戰以後，各國對於英語人才的需求使得英語教育迅猛發展。同時，教育理念也由過去的以教學為中心轉化為以學習者為中心（Learner-Centered Education）。教育心理學家們認為學習者會有不同的興趣和需求，通過強調學習者的重要性，學習者的積極性會大大提高，從而使學習變得更輕鬆愉快（Rodgers，1969）。Hutchinson 和 Waters（1987）認為：上述四個階段都存在根本性的錯誤，因為它們的共同點就是研究探討語言的特點和使用語言的過程。而掌握了語言的特點和語言的使用並不等於學好了語言。在 ESP 教學過程中，要充分了解語言學習的過程，要把課程設置、大綱制定、教材選編、課內外教學組織、教學過程的監控和測評集為一體，充分調動教師和學生的積極性，充分調動諸如教學手段、教學設備等一系列的非人力因素。最大化構建英語學習的潛在環境。因此，研究的重點又回歸到了學習過程上。眾多學者認為 ESP 應該從語言需求、語言技能、語言內容幾個方面研究學習的全過程。

2.1.1.2 國外商務英語研究綜述

根據 Howatt（1984）的研究，16 世紀的英格蘭已經有學校教授商務英語了。Pickett（1988）也提到過 1533 年 Meurier 所著的《商務英語》，其主要內容是講述如何撰寫英語商務信函及其正確格式。不過，商務英語形成相對的獨立性，引發學者對其真正的研究也只有三四十年的歷史。

商務領域的英語一直被視為 ESP 的一部分。Hutchinson 和 Waters（1987）在他們的著作中描繪了一幅詳細的 ELT（English Language Teaching）圖解，認

為 ESP 應該有三個分支，即 EST（English for Science and Technology）、EBE（English for Business and Economics）、ESS（English for Social Sciences），在每一個分支下又有相應的 EAP（English for Academic Purposes）和 EOP（English for Occupational Purposes）。而商務英語屬於 EBE 下面的 EOP 分支。有的學者提出了不同的意見：Dudley-Evens&St John（1996）提出現代商務英語所涵蓋的內容非常廣泛，非其他 ESP 分支可比。商務英語的教學包括了普通詞匯的學習和商務交流等知識的學習，所以應該和 ESP 相提並論。有關商務英語的研究大致分三類：

（1）商務英語的定義

商務英語的定義多是以語言使用的範圍或語言所涉及的內容進行定義。目前還沒有從語言本身的特點出發所做的定義。商務英語多以編寫教材和教材研究為主，注重實踐性問題的討論，很少有關於商務英語語言特定語體特徵的研究。究其原因可能和國外商務英語教學以私立學校和培訓機構為主，無法對其理論進行邏輯性、規範性研究有關。而 EAP 和 ESP 其他分支由於有大學學科的專業知識屬性要求，理論研究更為普遍。除此之外，由於涉及商務活動的不同公司和行業內容的機密性，商務英語的研究對象，也就是使用中的商務英語的原始數據，很難進行一般化的語言分析和推廣，尤其是真實環境下的商務會議和談判語言原始數據，由於內容的敏感性而難以獲得。

在對商務英語定義的探討中，一些研究者（Johnson 1993；Dudley-Evans，St John 1998；St John 1996）從商務英語教學和教材的研究角度出發，對為教師和學習者設計的商務英語教學手冊進行了討論（Ellis，Johnson 1994；Brieger 1997）。其后，Johnson（1993）從需求分析的技能和方法角度對商務英語的定義進行討論。Dudley-Evans 和 St John（1996）的研究看上去更為深入，因為他們的研究試圖對商務英語的語言學特徵進行分析。St John（1996）的文章有一章節專門討論商務英語的「語言學問題」。他認為仍然沒有足夠的證據表明什麼是商務英語，而界定商務英語的主要難點在於商務英語缺少一個已建立的「共核」（common-core）。Ellis 和 Johnson 雖然在他們書中第一章就提出「什麼是商務英語」這樣的問題，但也沒有給出任何具有語言學意義的定義。他們認為這方面的研究太少，課程設計者也很少能超越他們的實踐經驗所得（Elks 和 Johnson 1994）。和以上學者不同，Brieger（1997）並沒有對商務英語的定義採取避而不談的態度，他嘗試對商務英語進行規範性定義，但由於他的研究是關於商務英語語法和詞匯的，主要討論在何種情況下、誰、使用什麼商務英語，因此他的定義（見圖 2.1）是基於教學研究而不是語言學研究的，因此並不規範。

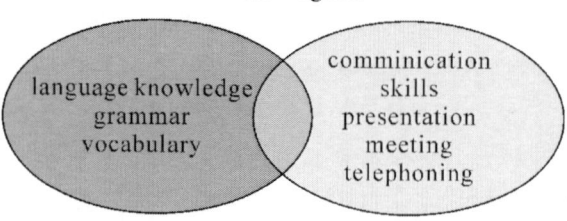

圖 2.1　Brieger（1997：35）商務英語定義

也有其他學者嘗試對商務英語進行界定，如芬蘭學者 Yli-Jokipii（1994）在她對商務英語信函的研究中，將商務英語分為「交互式」（interactive）和「非交互式」（non-interactive）（見圖 2.2）。她認為商務英語尚未有從其語言本身角度出發探討和普通英語的區別的著述。

> **Interactive**
> Spoken — face to face, telephone — service encounters, negotiations etc.
> Written — method of transmission — memo, letter etc.
> **Non-interactive**
> Forms, reports, proposals, adverts, etc.

圖 2.2　Yli-Jokipii（1994）對商務英語的界定

從以上的討論我們可以得知，理論界仍然沒有對商務英語從其語言本身角度的明確定義。如果從語言特點的角度對商務英語下定義以及進行研究，我們可以借鑒其他 ESP 領域的研究，如有些對 EST 的研究成果也許可以應用於商務英語研究。

（2）商務英語的性質

商務英語理論的第二類研究主要是針對商務英語性質的研究。談到對於商務英語性質的研究，就必須提到英國著名學者 Douglas Pickett（1986a）的研究，他是商務英語性質研究的主要代表。由於工作的關係，Pickett 的研究主要基於其個人經歷和判斷。Douglas Picket 可以說是唯一的從宏觀層面研究商務英語語言的學者。Pickett（1986a）認為儘管商務英語是 ESP 的一個分支，但是它卻比 ESP 的其他分支要複雜得多。在 ESP 的其他領域，專門用途的語言主要用於某一特定團體的內部溝通，從而和外界沒有過多的聯繫，如工程師英語就主要用於工程技術領域工程師的內部交流。他認為商務語言的主要部分盡管集中在商務交流（communication）或交易（transaction）中，其所包含的卻不僅僅是商務內部的交流，商業團體和其團體外部的交流也屬於商務語言。就好像醫生和病人的關係一樣，醫生不僅要互相之間交流，還需和病人交流。

除了從宏觀層面強調商務英語的溝通和交流作用（商務和公衆，商務和商務），Pickett（1996a）在其著作中還提到兩個概念：商務英語的工作用語（ergolect）性質和商務英語的詩學（poetics）性質。Nelson（2000）認爲 Pickett 提出商務英語的「ergolect」和「poetics」性質對於商務英語理論具有重要意義。所謂的工作用語是 Pickett 由 ESP 中的 register 轉化過來的，Pickett 認爲商務英語的「ergolect」性質和其他工作語言不同。不同的主題、情境、社會角色和使用渠道（書面或口語）決定了商務英語的語言輸出；所有的這些因素都將決定這一語言的使用。根據這一性質，研究者可對商務英語的語篇、文化和體裁進行相應的研究。所謂的「poetics"，即商務英語語言就好像詩篇創作一樣，從普通英語中來，再應用到一般化的商務英語中去。Pickett 認爲普通英語詞匯在商務環境下被賦予了新的組合和意義，從而被分成不同的層次。關於語言分層（layering），Pickett 和他之前的 Zak 和 Dudley–Evans（1986）以及在他之後的 Alejo 和 McGinity（1997），Posteguillo 和 Palmer（1997）等人都提到了英語詞匯分層。如 Zak 和 Dudley-Evan 將縮略語分爲三個層次：①標準的縮略語可用於任一環境，如 a. m.，p. m. 等；②只在辦公室使用的縮略語，如 asap，c/n 等；③專業化縮略語，如只在電報中使用的 adv（advise），bal（balance）等。但 Pickett 的研究從更爲嚴密的語言學分析中爲語言學角度的商務英語理論提供了一個新的視角。尤其在商務英語詞匯（lexis）研究方面，研究者可結合語料庫語言學根據不同的應用範圍將詞匯分爲不同的層次進行相應的研究。

（3）商務英語教材

伴隨著商務英語理論與實踐研究的逐步深入，商務英語教材的研究也得到了發展。諸多學者按照商務英語的不同維度對其進行分類。商務英語的教材按照不同的載體，分爲傳統類和電子類（錄音、錄像、多媒體、光盤、互聯網等）；按照不同的內容，分爲語言知識（language knowledge）和交流技巧（communication skill）類；按照不同的專業內容（professional context），分爲跨文化（cross-culture）和管理技能類（management skill）（Flinders，1998）；按照商務英語教材的功能，分爲商務環境下的英語教學類和商務技能的培訓類（Ellis，Johnson，1994）。這樣的分類研究有利於從業者挑選適當的教材，同時也劃定了統一的、有理論基礎的框架。

商務英語教材研究的另一個方向就是對商務英語教材效度的分析。Powell（1996）指出由於編者的直覺造成教材錯誤的事例不勝枚舉。有的學者在對一些著名的商務英語教材的研究中發現，教材中有些對話模式在實際商務環境中根本用不上（Mason，1989；Ventola，1987）。這些發現說明，教材建設中必須

考慮教材的真實性，這是教材的首要問題。Hall（1995）指出，外語教材要滿足真實性的需要，而真實性不僅體現在材料本身，還包括對材料的反應。國際學術組織「教材發展協會」的創始人兼會長 Brian Tomlinson 指出真實性源於現代外語教育關於教材的意義和功能的更新理念：外語教材被視為引發或觸發學生學習和交際反應的刺激物，教材的編寫者應重視為學生提供各種有利於他們接觸所學語言的活材料和經歷該語言的機會（Tomlinson, 1998）。所以，學者們在編寫教材時，應注重商務英語的使用原則在教材中的體現，以充分體現商務英語教材的信度與效度。

2.1.1.3 國外跨文化能力研究綜述

國外關於跨文化能力的研究始於 20 世紀 50 年代。對於跨文化能力的研究主要集中於以下四個方面：

（1）跨文化能力的內涵

對於什麼是跨文化能力，學者們分別從不同角度進行了描述與界定。Hampden-Turner 和 Fons Trompenaars（2000）在《構建跨文化能力》中指出：「文化具有差異性，可以將其從多個角度加以區分，而各個角度似乎是對立的，但又是統一的。這種價值觀的差別就像一個圓圈，對立的價值觀可以相互轉化。它們是同一個圓圈上不同的弧線，像陰陽一樣，相互對立、相互矛盾，又相互補充、相互轉化。以這種圓圈思維來考慮問題是一種智慧，這就是跨文化能力。」這一觀點認為跨文化能力是辯證地看待文化差異的一種學習能力。Triandis（1977）認為人們獲取、使用信息的能力以及與其他文化相關的知識決定了跨文化能力。因此，跨文化能力是應用相關知識對不同文化下的行為進行正確翻譯理解的能力。Ruben（1976）視跨文化能力為在不同文化背景下能夠適當溝通的能力。這一觀點認為，即使具有積極的態度，並且具備了許多關於當地文化的知識，但如果不能表達，不能通過適當的溝通行為進行交流也於事無益。文化與溝通聯繫緊密，文化在很大程度上決定了我們和誰溝通、怎樣溝通以及溝通什麼。溝通中的編碼與解碼過程因文化而異，這種文化差異越大，溝通中的誤解也越容易產生。David Thomas 和 Kerr Inkson（1999）認為，跨文化能力是通過對文化的理解，識別人們在同一文化下行為反應的相似性和在不同文化下行為反應的差異性的能力。Earley 和 Soon Ang（2003）提出「文化智力」的概念，認為文化智力是反應人們在新的文化背景下，收集處理信息、作出判斷並採取相應的有效措施以適應新文化的能力。

另一些學者從過程的角度來描述跨文化能力，認為跨文化能力是跨文化學習的過程或是跨文化適應的過程。Bennet（1993）、Taylor（1994）和 Campinha-Bacote（1998）認為跨文化能力是一個人對於自我意識和個人成熟度從低層

次到高層次的學習過程。Oberg（1960）、Adler（1975）等學者則認為當人們從一種文化進入到另一種文化中要經歷不同的階段。跨文化能力是一個人在經歷文化衝擊時能很好地調整適應，有效消除焦慮，以達到更大程度的個人福利和滿意的能力。

還有一些學者從個性與態度方面來界定跨文化能力，比如文化移情、容忍度（Ruben，1976）、開放、靈活性（Hares，Kealey，1979）等。具備這些特性的人們更容易適應不同的文化，接受由此可能帶來的不便。還有一些特徵被認為是較強跨文化能力的人應該具備的特徵，包括自信、樂觀、獨立、鎮靜、主動等。相反的，另一些特徵如偏見、陳規、民族優越感等（Brislin，1981）被認為會導致跨文化誤解。

(2) 跨文化能力的構成

Campinha-Bacote（1998）提出了文化能力模型，模型包括5個相互依賴的部分用於發展跨文化能力，即跨文化意識、跨文化知識、跨文化技能、跨文化碰撞和跨文化願望。丹麥學者Martine Cardel Certsen認為在國際商務飛速發展的今天，越來越多的公司要向海外派駐工作人員。在這樣的背景下，跨文化能力即在另一文化背景下有效行使職責的能力，是至關重要的因素。他認為跨文化能力包括3個相互影響的維度：情感維度、認知維度和溝通行為維度。Henry和Joseph認為跨文化能力包括發展和使用全球戰略技巧的能力、管理變化與調整適應的能力、管理文化多樣性的能力、團隊協作能力、溝通能力以及在組織中學習並轉化所學知識的能力。David Thomas和Kerr Inkson（1999）認為文化能力由知識、注意、行為技能構成。Yuelu Huang（2003）提出，跨文化商業能力包括3個主要方面：關係能力、衝突處理能力和商業能力。其中，關係能力是指與來自不同文化的商業伙伴發展人際關係的能力；衝突處理能力是指在發展關係的過程中，如何看待出現的衝突以及如何選擇適當的解決辦法；商業能力是指與另一文化的商業伙伴達成商業協議的能力，包括了解不同文化對待合同的態度、找到真正的決策者等。Earley和Soon Ang（2003）認為文化智力包括3個基本元素，即認知、動力和行為。其中認知是思考、學習並制訂行動計劃的能力；動力是融入到其他文化中去的願望和能力；行為是在不同文化背景下進行合理、適當的行為反應的能力。

(3) 跨文化能力的評價

Hampden-Turner和Fons Trompenaars（2000）提出跨文化能力與以下各方面密切相關：國際任務的經歷、上級對其海外任職的評價、通過360度反饋的較高的肯定評價、在戰略模擬練習中成功表現、由於被反對做原職工作而在近3年被提升、獲得卓越領導人的榮譽等。Joseph C. Pon-terotto和Brian P. Rieger

等學者提出跨文化能力主要包括跨文化意識與態度、文化知識、文化技能等方面的因素，並在此基礎上通過因子評分的方法對跨文化能力特別是跨文化咨詢能力進行評價。Earley 和 Elaine Mosakowski（2004）提出評價文化智力的方法，即分 3 個部分測算一個人的文化智力：認知、情感和行為。每一方面分別具體列出 4 個問題，對問題的回答分 5 檔：很不同意、不同意、中立、同意、非常同意。根據具體的分值來得出結論。Redden（1975）開發了文化沖擊評價體系，通過評價與來自其他文化的人相處的經歷、個人對新觀念新事物的開放程度、專門的文化知識等來估計人們面對文化冲擊的困難。還有一個相似的評價工具是跨文化溝通評價（ICI），通過 25 項指標來評價企業雇員在工作多樣性、文化冲擊、溝通誤解、民族中心主義、文化誤解、文化習俗與慣例等方面的知識與意識。

（4）跨文化能力的培育

Wakefield（1996）強調通過文化適應來發展跨文化能力。Earley 和 Ang（2003）認為培訓是提升跨文化能力的重要手段。培訓的方法與內容應根據構成文化智力的基本元素，分別採取措施針對認知、動力和行為 3 個方面加以提高。如進行關於文化和社會相似性的系統學習，而對複雜的文化信息、挑戰時增強自信的實踐，採取直接的努力來有效處理這種混亂的技能培養等。David Thomas 和 Kerr Inkson（1999）認為培育文化能力的步驟包括：檢查識別每個人的文化能力構成中各部分的優缺點；根據各自的弱點選擇培訓的側重；針對能力構成中的不同項目採用不同的策略和方法加以提高；組織個人資源來適應其選擇的項目；開始進入培訓，協調個人計劃與他人的計劃，有針對性地加強培養；評估受培訓者所獲得的技能，檢驗效果。Alan R. Freitag（2002）提出了在國際業務中提升文化能力的模型，認為提升的過程包括以下幾個步驟：最初的準備、尋求國際業務機會、接受國際任務、獲得成功與滿意、提高跨文化能力、進一步尋求國際任務。Anil Cupta 和 Vijay Covindarajan（2002）提出從 4 個方面培育跨文化思維能力：對世界的好奇和致力於成為世界最強；清楚自己目前的思考傾向；嘗試多樣性和新奇事務；培養整合不同知識體系的能力。

2.1.1.4 國外通識教育研究綜述

通識教育（general education）的理念起源於亞里士多德提出的自由教育思想（liberal education）。亞里士多德認為，自由教育是「自由人」（與奴隸、工匠相對）受的教育，它的目的在於發展人的理性、心智，以探究真理，而不是為了謀生和從事某種職業作準備。亞里士多德為「自由教育」設計了被后人稱為古希臘「七藝」的自由課程：語法、修辭、邏輯、算術、幾何、天文、音樂（阿倫·布洛克，1997）。這種自由教育思想綿延數千年，自古希臘至 18

世紀工業革命之前，一直是當時代表人類智慧的主流教育思想。

18 世紀工業革命至 19 世紀末那一段時間，自由教育思想幾乎被拋棄，高等教育專業化成為高等教育發展的主要特徵之一。但是，專業教育的弊端是可能造就一批只懂自己專業領域的有限知識，而對其他領域知識相對缺乏的「單一人才」，而有限且單一的知識並不利於個人在社會中的發展。於是，專業教育思想受到質疑，自由教育思想又重新受到重視。美國博德因學院（Bowdoin College）帕卡德教授（A. S. Packard）於 1829 年撰文寫道：「我們學院預計給青年一種 general education，一種古典的、文學的和科學的，一種盡可能綜合的教育，它是學生進行任何專業學習的準備，為學生提供所有知識分支的教學，這將使得學生在致力於學習一種特殊的、專門的知識之前對知識的總體狀況有一個綜合而全面的了解。」① 這是通識教育最初被賦予的含義。1852 年，英國紅衣主教紐曼在其名著《大學的理念》一書中，針對科學時代的弊端，重申自由教育的傳統，以抗衡知識專門化所造成的知識割裂（季誠鈞，2002）。但是，在新的時代裡，自由教育需要被賦予新的、符合時代要求的含義。因此通識教育的概念誕生了。通識教育思想不否認專業教育存在的合理性，但它力求在對學生進行專業教育的同時，必須進行通識教育。

近代有關通識教育有兩個標誌性文獻，一個是芝加哥大學校長 Robert Hutchins 於 1936 年發表的《高等教育在美國》（The High Learning in America）一書，該書第三章題為「通識教育」。另一個文獻是哈佛大學校方 1945 年發表的《自由社會的通識教育》（General Education in a Free Society）一書。這兩個文獻的精神一脈相承，比較有代表性地闡述了美國現代大學通識教育的基本理念。

20 世紀 70 年代，哈佛大學校長博克在《高等教育》一書中對專與博的關係作過詳細的論述。他認為，本科生應該通過主修一個學科而獲得大量深入的知識，並且通過對幾個不同學科的學習獲得大量廣博的知識。

### 2.1.2　國內相關文獻綜述

#### 2.1.2.1　商務英語語言類研究

商務英語語言類研究主要包括語言特點研究、語用研究和翻譯研究幾個方面。

（1）商務語言特點研究

商務英語學科是比較典型的、由人文科學的英語應用語言學科與社會科學

---

① 鮑宇科. 專業教育與通識教育：一種哲學的視角 [J]. 浙江社會科學，2007（4）.

的應用經濟學科和管理學科交叉、整合而成的交叉型應用學科。從語言角度對該學科的研究帶有了許多應用和實踐色彩。關於商務英語語言的研究，最初主要內容涉及操作層面，關注貿易實務流程中的英語使用。逐漸地，由於學科建設的需要，更多的商務英語語言研究出現了，主要集中於商務英語語言特點的研究和商務語境語言現象的研究。比如劉宓慶（1985）的《文體與翻譯》，其中涉及了英語應用文體中的契約文體、公函文體和廣告文體特點的分析。中國關於商務英語語言比較詳細和深入的研究開始於 20 世紀 90 年代。莫再樹（1998）撰寫了《外貿英語信函的文體特徵》一文，從文體角度對外貿信函語言進行了剖析和解讀。蔡先鳳（2002）在《論提單和租約的句法特點及其翻譯》一文中對國際運輸中提單和租約的句法特點進行了更加細緻的解析。廖瑛、莫再樹（2007）出版了《國際商務英語語言與翻譯研究》，對商務英語的語言特點進行了細緻、深入的研究，為后來研究者提供了寶貴的參考資料。王小慧（2008）發表了《商務英語語言特點實證研究》，把商務語言的研究推向了另一個新的高度。孫肇春（2009）在《商務英語語言特點研究——兼談商務英語的學科定位》中分析了商務英語的特點。話語分析是以語言學為基礎的研究方法，用以研究為了達到某種目的在使用某種語言時運用的話語策略及其背後的話語體系機制。劉立華（2012）的《「紐約時報」對話經濟能源社論中的對話性策略研究》對《紐約時報》中的新聞話語在建構中國國家形象是所採取的話語策略和背後的話語體系機進行了分析與研究。孫亞、李琳（2013）對商務話語中的隱喻研究做了回顧，主要包括研究對象、研究內容、研究方法等，並對今后的隱喻話語研究給出了建議。葉文彥（2013）在《從語言經濟學看商務英語語言消費》一文中，從語言的經濟學屬性出發對其進行了研究。基於語料庫的語言研究始於 21 世紀。很快就被用於商務英語語言的研究。李慧（2013）的《基於自建語料庫對中外企業英文簡介的問題對比研究》通過自建小型語料庫所做的對比研究，對中外企業簡介的商務英語文體進行了詞匯、句子、語篇等方面的差異對比研究。這些研究使得商務英語語言研究形成異彩紛呈的景象。

（2）商務英語語用研究

有關商務英語的語用研究並不是非常系統，最初主要從技巧的層面，即語言的微觀角度切入進行分析與研究（李朝、王麗君，2013）。許多學者（沈小兵、張佐成，2004；程勇，2004；李傳芳，2004；廖英、莫再樹，2007；彭萍，2007；趙會軍，2006；張佐成，2008；翁鳳翔，2009；金志茹、聞建蘭，2010）對商務語用理論方面進行了初步的探討。語用學起源於 20 世紀 70 年代末，與三種研究有關：① 對符號與意義的符號學研究；② 語言哲學研究；③

對語言形式的功能語言學研究（何自然、冉永平，2009）。商務英語在中國的興起也不過三十年左右，因此，在這方面我們還處於初級階段。目前，商務英語語用研究主要集中於三個角度：①商務英語中的委婉語、模糊語言研究。黃碎歐（2009）在《商務英語中模糊限制語的語用功能分析》一文中分析了商務英語模糊限制語的作用和使用原則。楊光明（2013）在題為《委婉語在商務英語中的英語》碩士論文中分析了委婉語的功能與運用原則及方法。②商務英語語用失誤研究。語用失誤是跨文化交流中最容易出現的問題。商務活動是一種跨文化活動，所以商務英語語用失誤的研究顯得尤為重要。石本俊（2007）在《商務英語語用失誤及其文化解讀》一文中分析的語用失誤的分類及文化根源。③商務英語會話原則研究。會話原則的研究主要基於 Grice 的合作原則（cooperative principle）和 Leech 的禮貌原則（politeness principle）。李家霞、瞿紅華（2005）在《商務英語中的語用原則體現》中分析了禮貌原則和合作原則如何在商務領域的正確的運用。李亮（2009）在《商務英語應用中的合作原則和禮貌原則體現》一文中也對商務英語如何體現合作原則和禮貌原則進行了詮釋。事實證明，商務英語的核心理論來自語用學的普通理論。當我們採用語用分析方法把焦點放在商務領域語境的某些方面時，就會發現其中蘊含著諸多語用理論並指導著人們正確且順應地交往。由於人們的認識和研究有一定的局限性，必定還有很多語用方面的理論可以在商務英語的語境中得到進一步的發現和運用。通過商務英語方面的理論家進一步完善，即總結他們在商務英語領域的運用，升華他們的理論精髓，就會形成自己獨特的理論體系，反過來再指導商務英語實踐（李朝、王麗君，2013）。

（3）商務英語翻譯研究

從翻譯研究的內容來看，商務英語翻譯研究分布非常不均衡。根據吳智慧（2008）的一項調查，1994 年至 2006 年期間商務英語翻譯研究的發展取得了很大的成績，尤其是 2000 年以來，每年發文量幾乎成倍增長。但是，在抽取的 680 篇論文中有一半以上的文章都分布在商品商標廣告方面，占商務英語翻譯研究的 74%，而涉外保險、運輸、國際金融，WTO 文獻等方面的翻譯研究總計只占 15%，且都是 2000 年以後開始起步。

從商務英語翻譯研究的視角來看，有翻譯實踐交流、評論性翻譯研究、翻譯過程研究、社會文化翻譯研究幾種。

翻譯實踐交流是商務英語翻譯研究中最多見的角度。如對某一公司名的翻譯推敲，商業名片、涉外宣傳資料、網站新聞標題、商務旅遊中的地名、公證書、職務用詞、信用證等等細節上的翻譯經驗。通常以「翻譯之我見」「翻譯體會」「翻譯探索」「翻譯漫談」「翻譯的幾個問題」等為題目的關鍵詞。

評論性翻譯研究也即翻譯批評，在讀者接受、社會效果、翻譯理論建設、規範翻譯活動、翻譯實踐指導等方面起到很大作用。在評論性商務英語翻譯的研究中，作者主要針對翻譯譯文的失真、錯誤、語用失誤、誤區等進行糾錯性的評析，並分析成因、提出翻譯對策。目前，中國商務英語翻譯評論性研究多屬於實踐性的翻譯評論研究。

翻譯過程研究主要有兩種，一種是依據權威翻譯理論進行商務英語翻譯研究。還有一種是語言學視角下的翻譯研究。①權威翻譯理論指導下的翻譯研究。在中國商務英語翻譯研究中應用最廣，引用最多的翻譯理論是德國的功能派翻譯理論。功能派認為翻譯活動中，譯者以翻譯要求為指導，從特殊的翻譯任務中總結出譯文的交際目的，此目的也可以是發起者直接給出。交際目的使譯者決定如何完成翻譯任務。美國當代著名的翻譯理論家尤金·奈達的動態對等翻譯觀和動態等值理論也是指導中國翻譯研究的重要理論，該理論重視語言信息接受者的感受，強調語言信息在交際轉換中的動態等值，而不是簡單的、靜態的對等，認為源出語的語義和風格應同目的語的語義和風格盡可能達到信息的動態等值交換，主張用最自然、最妥帖的對等語再現原文傳遞的信息，求得兩者在內容和格調上最大程度的接近。Peter New-mark 的翻譯關聯理論是另外一種經常被引用的理論。關聯理論認為翻譯運動是一種原文作者、譯者和譯文讀者的三元關係。譯者在翻譯中既要正確認知原文作者的意圖，又要考慮譯文讀者的認知接收能力和習慣，為了再現原作的內容和意圖，實現原文作者的交際目的，可以按照譯入語的語言、文化習慣，按照譯文讀者的閱讀習慣，對原文所包含的信息和表達形式進行調整，甚至刪改，或提出相應的關聯信息，這樣方能獲得對原作的最有效的忠實。目前，中國的商務英語翻譯研究多是將上述各種形式的理論應用到商務英語翻譯中，以翻譯中的實例對這些理論加以佐證，或以這些理論指導商務英語翻譯。②語言學視角下的商務英語翻譯研究。這種研究指借助語言學的各種分析方法來研究商務英語翻譯，如語義成分分析、語篇分析、話語分析，等等。自八十年代初以后這類研究逐漸多了起來。語言學視角下的商務英語翻譯研究主要分為兩種：第一種是從語義層面講商務英語的翻譯，如對名詞化結構、介詞、長句、肯定否定句型以及術語的翻譯都各有討論。還有的翻譯研究重點分析語義特徵，語體特徵，指出作為交際符號的商務英語語言屬於優勢語言，應當尊重翻譯的忠實觀等。第二種是從語用的層面討論商務英語的翻譯，這方面的研究者認為商務英語也屬於交際英語，離不開語境，尤其是商務英語函電中出現的很多委婉語，還有商務法律條文中的模糊語。事實上，商務英語的嚴謹性和準確性並不排除委婉、模糊語義

的使用，它的使用都是帶有動機的。此外，語用層面的商務英語翻譯研究還有針對隱喻現象進行的研究，多是關於引喻翻譯策略的運用。

　　跨文化翻譯研究也是一種重要的翻譯研究視角。翻譯從本質上看，是一種跨文化的信息傳播。但大多數情況下，各民族形成了各自獨特的文化。文化對翻譯的影響也被商務英語翻譯研究者發現，並應用到各類商務文體的翻譯研究中。

　　商務翻譯具備一般翻譯的特性，其基礎層次仍然是人的思維，而思維與所表達的內容及語義的關係極為密切，兩者相互依存的辯證關係影響著譯者翻譯的水平與質量。國內有學者提出了建立商務翻譯學的構想，主要從行為人入手，對行為人、作品、語言等三個方面進行了闡述（翁鳳翔、翁靜樂，2011）。可以通過整合翻譯理論中與商務有關的部分，通過提煉、總結、升華，建構起商務英語核心理論體系（李朝、王麗君，2013）。

### 2.1.2.2　商務英語教學類研究

　　商務英語教學類研究是商務英語研究中分布最廣的一類研究。它主要分為教學方法和手段研究、教學理論研究、課程設置研究、教材研究、教學評估研究。

　　教學方法和手段的創新、發展是商務英語教學研究的重點。商務英語教學研究論文中一半以上是關於教學方法和教學手段的，如新的教學手段的嘗試。多媒體在商務英語教學中的應用和實踐，以上這些成為該領域研究的重點和主流。張海森（2005）採用 WebQuest 教學模式，從信息技術與課程整合的視角，探討了《商務英語閱讀》課程的教學的理論基礎及設計方法。谷志忠（2006）借助多媒體技術，探討了任務教學法在商務英語教學當中的實際應用，並嘗試提出了自己的「六步」教學模式，即：基礎知識鋪墊，前期任務導入，學生自主學習，分組學習討論，真實語料點評和書面匯報總結。雷春林（2006）闡述了內容教學法（CBI）的五種主要模式在商務英語教學的應用。柳青軍（2008）在商務英語口譯課程教學實踐中總結出了 3P 口譯教學模式，即 Preparing（譯前準備）、Performing（現場口譯）和 Packaging（譯后總結）三個階段。周芹芹（2008）探討了在商務英語教學中有效利用現代多媒體技術和自主學習模式進行教學實踐的相關問題。申相德、李國俊（2009）探討了一種利用網絡和計算機手段進行電子商務英語信息化的教學方式，並通過調查問卷評價了這種教學方式的效果。趙學旻（2009）提出建立項目網絡協作學習與多媒體輔助課堂相整合的商務英語教學模式，嘗試營建一種虛擬商務學習環境，以學習者為中心，培養學習者的商務能力，並通過調查研究，發現大多數

學生認可這種整合的商務英語教學模式。趙淑容（2009）從需求分析的視角發現情景教學方法應用於商務英語教學，對目的需求和學習需求的滿足均有較大貢獻。王林海、孫寧（2010）認為學生可以通過閱讀真實語篇習得商務英語體裁的結構特徵，並通過行動研究進行了驗證。王立非、李琳（2011）建議商務英語課程改革應將專業內容課程與信息技術進行整合，形成全新的機輔化內容教學模式，加強課程群建設。同年，王立非和黃湘琪（2011）將這種機輔化內容教學模式，應用到商務英語寫作教學系統中。徐珺和史興松（2011）以《商務溝通》英語實踐課程建設為例，分析了基於信息技術設計，採用任務驅動式教學法進行商務英語實踐教學的理論基礎、實踐方法和教學效果。

　　課程設置方面的研究主要以教學實踐活動的形式體現出來。全國範圍內各校辦學條件、優勢學科組合不同，因此課程設置是有很大差異的。不過，經過梳理，我們可以發現，在課程設置的思路上，各個學校還是保持了較一致的方向，我們的探索道路也比較接近。按照時間發展的順序，具有代表性的商務英語課程設置模式可以分為三大類：英語（商務方向）ESP拓展模式（劉法功，2003）、全英仿商科模式和商務英語專業學科課程模式。

　　第一類，英語（商務方向）ESP拓展模式。

　　商務英語專業脫胎於英語專業。在初期，商務英語並非獨立的本科專業，而只是依附於英語專業的一個方向選擇。其課程設置也從英語專業課程基礎上演變而來。最初的課程設置都是依據《高等學校英語專業英語教學大綱》（以下簡稱《大綱》）的規定培養複合型英語人才，按照《大綱》的建議設置課程，學時百分比總體為：英語專業技能課程67%，英語專業知識課程15%，相關專業知識課程18%。因此商務英語教學只占據了18%的相關專業知識課程部分。劉法公（2003）的《論基礎英語與專門用途英語的教學關係》代表了本階段英語專業（商務）方向的典型商英課程思想。劉法功（2003）提出：「基礎英語教學是專門用途英語教學的必備條件，專門用途英語的教學是基礎英語教學的擴展和延續，只有把基礎英語教學拓展到專門用途英語教學，才能培養出複合型、實用型英語人才」。由此我們將它稱為「英語（商務方向）ESP拓展模式」。這種模式主張基礎階段主要內容是掌握英語語言共核，開設聽說讀寫分項技能訓練課程。高年級專門用途英語「教學內容貼近某個專業行業」，「以傳授與某專業有關的英語語言知識和技能為目的」，課堂授課時間為「60%在語言教學，40%在所涉及學科的專業知識，讓學生在學習專門用途英語的基礎上學習某學科的專業知識」，期望學生因此「既有過硬的英語技能

也有豐富的其他社會科學知識」。

有關專家基本上都認為 ESP 拓展論總體方向是正確的，如王興孫和陳潔（2001）提出：BE 課程可以作為用英語開設經貿專業課的前提課程，但是 BE 課程體系重點還是在語言訓練，應該建立在基礎英語教學的基礎之上。然而，一些專家對基礎階段進行通用英語（GE）技能培訓提出了質疑：強調文史類內容的通用英語與商務方向的語言雖有共核，但並不等於商務英語的共核。通用英語未必能提供后續相關課程（如國際貿易）充分的認知與語言支持。而且 GE 技能教學還有沒有必要且持續兩年受到質疑。蔡基剛（2003）認為，學生應該在中學打下良好英語基礎，大學期間應該縮短 GE 教學，提早開設 ESP（BE）課程，不然就會既浪費資源，又不能滿足社會需求。

這種模式的另一個缺點是 GE 教學后續只有 ESP 教學課（某專業的英語如營銷英語、金融英語等）作為延伸，ESP 課程教學「並不過深、過細地探究某專業的系統知識」，教學中心「依然是某專業的英語，而不是專業知識本身」。作為課程內容載體的相關專業學科知識對於學生很可能仍然是陌生或不完整的。以有限的幾門 ESP 課程充當相關專業知識課程，即使滿足《教學大綱》占專業總學時 18% 建議比例，並且在 ESP 課堂上用 40% 的學時關注學科內容，一門課程學時按 17 周每周 2 學時計算，花在內容教學上的時間也僅有 14 學時（7 次課）以下。因此，多數專家認為這一模式下 ESP 課程可以幫助學生涉獵相關知識，但想讓學生從課程中獲得豐富的其他學科知識，未免期望過高，實現該目標比較困難[①]。

劉法公（2003）也指出，這種模式下「學生通常感到詞匯太多，句子較難，概念和理論難懂，容易產生畏難情緒」。他開出的處方包括：熟悉專業詞匯的特徵，了解構詞特點，掌握詞句搭配規律，同時還必須具備某行業或某學科基礎知識。看來缺少了相關學科知識課程，ESP 課程內容將會負載太多，以至於超出英語專業學生知識體系的話，其有效性必受到制約。

第二類，全英仿商科教育模式。

何其莘等（1999）認為：「從根本上講，外語是一種技能，一種載體，只有當外語與某一被載體結合，才能形成專業」，「複合是學科間的複合、交融和滲透」。秦秀白和吳古華（1999）的觀點是「複合型人才的培養是個系統工程，不是增加一兩門課程就可以奏效的」。可見，只有一兩門課程不可能真正帶來學科間的交叉滲透，複合更不只是在沒有相關專業課開設的情況下，少數幾門 ESP 課程中語言技能和相關專業知識按比例結合就能實現的。廣東外語

---

[①] 俞建耀，劉法公. 國內商務英語專業課程設置論綜述 [J]. 外語與外語教學，2013（3）.

外貿大學進行了全新 BE 課程設置的教學實踐。文獻中有詳細的闡述（蔡蕓，2001a；蔡蕓，2001b；蔡蕓，2004；黃偉新，2005 等）。他們採用全英語教授方式為學生講授商務課程，要求學生用英語做商務作業，把語言習得作為其副產品。2001 年，商務英語專業開始在所在學院開設全英教學國際商務管理專業，學生畢業時被授予管理學位。做法是「適當減少英語課程學時數，同時堅持方向課程的全英教學，採用先進的原版教材，直接學習國際通行的理論和規則」（蔡蕓，2004）。其目標表述明確：這個專業不是培養專門從事英語語言文學研究和英語教學的人才（蔡蕓，2001b），而是培養英語工作者，是英語能力和商務專業知識技能雙強的複合型人才。他們的遠期目標是成立國際商學院（黃偉新，2005），所以他們堅持開設四年主干英語課程的同時，又增加全英教學的經濟/管理類課程。根據蔡蕓（2001a）的預測，1999 年精簡課程後其專業課程比例（以當時 2058 總學時為基數計算）是：語言技能 60.8%，語言知識 7.7%，國際商務 31.5%，商務課程比重較之語言知識課程更高。

　　黃偉新（2005）認為這種課程設置的改變是從商務英語（BE）到英語商務（BinE）的教學觀念轉變。在課程實踐中，前兩年重點鞏固英語基本功（設有綜合英語課程和聽說讀寫技能課程），第四學期逐漸增加 BE 教學，其途徑是開設用英語講授的普通商務課程（當代商務概論、微觀經濟學、數學等），作為三四年級用英語講授商務課程的過渡。商務課程參照英國商學院本科課程設計。除了上述三門，高年級還有宏觀經濟學、會計原理，財務會計、國際貿易實務、國際金融、國際營銷、國際商法、國際經濟法、國際結算、商業統計等課程。到三四年級時，學生還同時學習英語專業主干課程如高級英語閱讀與寫作、口譯、筆譯等，但不開設傳統的英語文學課，第八學期學生用英語撰寫商務題目的畢業論文。故此，我們稱之為全英仿商科教育模式。

　　廣外全英仿商科教育模式下，相關專業知識課程已經形成比較完整的體系。全英教學的經濟/管理類課程占專業總學時的 31.5%，在一二年級占比 20.34%，到三四年級占到 43.37%（蔡蕓，2001 a）。在這種模式下學生不僅能夠完成國家規定的管理專業的教學內容，相關專業知識水平達到管理學士學位要求，而且能夠同時完成英語主干課程教學內容，並通過英語專業四八級水平考試（黃磊，2005）。由於學生既具有扎實的英語基本功，又掌握較系統的管理專業基本理論和技能，學科交叉滲透成為可能。上外或北外等的英語系初期開設的複合型方向也已經紛紛脫離了英語專業母體，走向了獨立。在這類外語大學中，經貿、金融、新聞等專業課程或傾向已經發展成為獨立的專業或學院，畢業生不再是複合型外語人才，而是其他專業人才，或是加強外語的其他

專業人才（胡文仲、孫有中，2006）。

不過，郭桂杭（2005）認為全英仿商科模式的缺陷是：前兩年除了第四學期增加用英語講授的普通商務導論課程之外仍然如同模式一，都是 GE 基本功訓練課程。光有扎實的 GE 技能，還不足以應對后續的全英專業課程。調查反饋顯示這些「經過嚴格挑選，英語功底過硬」的學生覺得一二年級先修課程為三四年級全英課程的學習所做的鋪墊工作不夠充分（趙芳，2005）或缺乏過渡性引導課程前后銜接，導致對全英商務課程吸收不充分，接受有困難（朱文忠，2005）。

黃偉新提出這種模式缺少 BE 和 BinE 的有機結合。實踐中在第四學期開設的是用英語講授的普通商務導論類課程，這雖可以算是為商務專業知識的學習打基礎，但終究是商務知識課，不是 BE 教學，不構成全英教學專業課程所需的語言支持課程。換言之，BE 課程和商務課程概念區分出現偏差。課程設置中缺少 BE 課，他們是直接使用國際通用原版教材，全英講授商務課，側重比較透徹地傳授管理理論與技能。而王興孫（1997）指出「學習原版的教材、讀物並不能完全代替商務英語教學」。所以說目前的全英仿商科課程設置似乎也不能滿足學生學習商務課程時對 BE 的需求。

第三類，商務英語專業學科課程模式。

對外經貿大學的教學研究為商務英語專業整體性課程設置確立了重要的理論依據。他們的研究確立了商務英語專業課程設置所包含的三維度：（商務）學科知識（內在邏輯）、行業慣例做法（認知行為策略）、話語產出和接受能力（語言策略技巧）。話語能力不能脫離另外兩個維度，反而會隨著學科知識和行業慣例做法的累積而增強。由於三維互動綜合地體現在話語產出和接受能力方面，所以話語產出和接受能力成為 BE 教學內容組織原則。陳準民和王立非（2009）對《商英教學要求》的解讀和王立非（2011）對商務外語學科內涵及發展路徑的分析兩者互為補充，闡述了 BE 學科課程群設置的目標要求等內容。

相較前兩個模式，商務英語專業學科課程模式有兩個優勢：

（1）基礎階段不再以 GE（文史類）技能為中心，而是採用以商務內容為依托的商務主題教學法，因為學生大學入學 GE 水平比過去有了巨大的提高，進入大學階段的英語需要有質的變化，這符合大學生學習心理。教學觀念上，要求實現「從重技能向技能與內容並重轉變，不再單純進行外語技能教學，而是將聽說讀寫的技能與內容教學相結合，特別注重與相關專業知識相結合」（王立非，2011）。基礎語言技能課程名稱冠以商務，體現了教學觀念上的

轉變。

（2）相關知識課程具有相對系統性。該模式要求學生掌握開展商務活動所必須的語言知識技能，同時要求學生通過獨立設課的商務相關知識的學習，逐步培養起商務學科思維方式。這種課程設置體系將相關學科知識、行業慣例做法視為專業知識三維結構中不可或缺的兩維度，拿出 20%~30% 的專業學時用於商務知識及商務技能的學習（陳準民、王立非，2009），保證了相關專業知識相對自成體系，確立其內在邏輯關係。這樣，學科之間得以交叉複合。商務英語專業學科課程模式既解決了第一種 ESP 拓展模式中欠缺專業知識來源課程的困局，又以 BE 課程替換 GE 課程，從理論上解決了第二種模式中出現的語言教學向專業課教學過渡的問題。

上述三種模式都明顯地將學習切割為兩個階段，總體是英語學習四年不斷線，畫定先語言後專業的格局；基礎階段主要抓語言基本功訓練，高年級主要進行 BE 教學或用英語教授專業課程。但 BE 課程之於商務課程的直接服務關係似乎在第三種模式中也沒有直接明文表述（俞建耀、劉法公，2013）。俞建耀、劉法公（2013）認為我們應該避免孤立的 BE 技能課程，盡管它已經比 GE 課程有更多東西可以遷移到商務課上，但終究不如直接服務於商務課程的 BE（如商務學術講座理解、商務交流技巧策略、商務閱讀和概念建立及討論、商務寫作、商務/學術陳述等）那樣具體並針對性地橫向聯繫商務課程內容。王艷艷（2011）研究了上海某大學實行中英合作辦學十年的 BE 專業課程設計循環模式，分析它之所以成功是因為「課程內容真正做到幫助學生知識結構的『螺旋式上升』，隨低年級往高年級發展，課程的數量、難度和專業性都依次遞增。但是作為同一個課程群體，它們之間具有密切的關聯性。」

### 2.1.2.3 跨文化商務交際能力研究

國內目前涉及國際商務的跨文化交際能力研究相對較少。國內商務領域的跨文化交際能力研究多借鑒國外的術語與研究成果。有鑒於此，有必要重新對中國國際商務領域的跨文化能力進行界定，從多維度、多視角、全方位、深層次探討國際商務的跨文化能力要素構成（吳籥、肖芬、胡文濤，2013）。進入 21 世紀以來，國內期刊發表的跨文化商務交際類研究文章數量穩步增長。2000 年至 2013 年間共發表了 183 篇，如圖 2.2 所示。

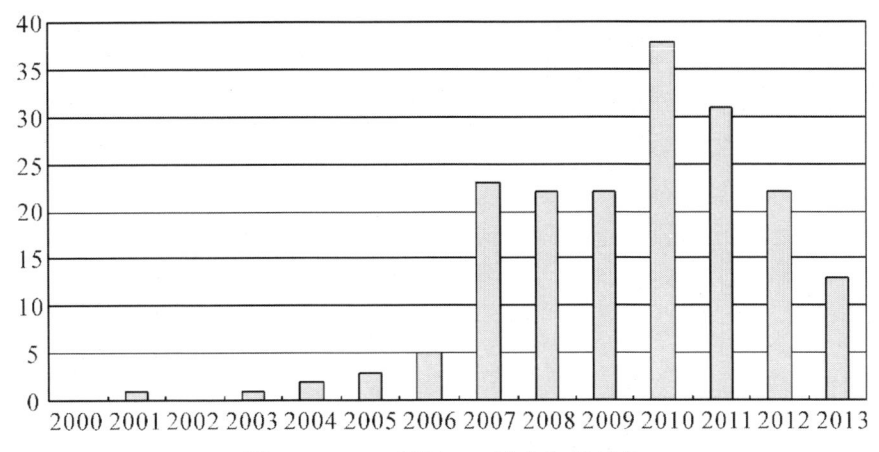

圖 2.2　CNKI 期刊 IBC 論文年度統計

　　在這 183 篇文章中，僅 22 篇來自核心期刊，只占 11%。其餘 161 篇均發表在非核心期刊上。這說明國內跨文化商務交際研究的論文質量不高，還沒進入核心期刊的主流。這也反應了國內嚴重缺乏有關跨文化商務研究的專業期刊的現狀。目前，國內僅有對外經濟貿易大學創辦的《商務外語研究》雜誌可以算是跨文化商務交際能力研究的專業平臺。

　　關於跨文化商務交際的內涵研究是跨文化商務交際研究的一個重要內容。竇衛霖（2012）認為跨文化商務交際研究側重在商務語境中進行文化與商務及管理的分析與研究。Iris I. Varner（2000）認為跨文化商務交際不僅僅是發生在商務環境下，而且是在交際過程中溶入了商務策略、目標和實際情況，而且是通過文化、交際和商務三個要素相互作用所創造出的新環境。莊恩平（2006）認為跨文化交際就是將文化、溝通與商務三個變量整合為一體而形成新學科。靳娟認為跨文化商務溝通是指商務活動中擁有不同文化背景的人們之間的信息、思想、知識和情感的互相傳遞、交流和理解過程。跨文化溝通是同文化溝通的變體，是溝通在不同文化之間的延伸[①]。吳簫等（2013）認為跨文化能力是個體與不同文化背景人士進行共事、交流的綜合能力，也就是個體在跨文化適應過程中運用一系列知識、技能和個人屬性進行交際、處理文化衝突的能力。吳簫等（2013）構建了一個由跨文化溝通能力和跨文化適應能力、跨文化行動能力組成的三維度能力模型，討論了模型中的各要素構成，認為模型中文化智力是影響跨文化能力的主要變量，組織機構的民族中心主義和文化距離是作用於文化智力和跨文化能力之間的調節變量。

---

① 竇衛霖. 基於語料庫的跨文化商務交際研究［M］//王立非. 商務英語跨學科研究新進展. 北京，對外經濟貿易大學出版社，2012.

從跨文化商務交際能力研究領域來看，應用性研究較多，其視角多元，領域寬泛。主要包括跨文化商務交際教學、商務文化和價值觀、跨文化商務非言語交際、跨文化商務談判、跨文化商務交際理論及構建、跨文化商務管理、跨文化商務營銷和廣告以及跨文化商務培訓，等等（竇衛霖，2012）。

在研究方法上國內外學者對跨文化商務交際的研究方法差異較大。國外特別注重實證研究，國內一般思辨性論文較多。總的來說，跨文化商務交際研究在中國還有無限的發展空間。這對大學商務英語人才的培養無疑有著重要的意義。

### 2.1.2.4 複合型外語人才培養研究

對複合型外語人才培養的研究是「近20年來，中國英語專業教學改革中持續時間最長、影響最大的課題」（胡文仲、孫有中，2006）。外語學術界、教育部官員和國家領導人都紛紛就外語複合型人才發表看法、展開討論。2000年頒布的《高等學校英語專業教學大綱》（高等學校外語專業教學指導委員會英語組，2000）明確提出了要培養「複合型英語人才」，「學校英語專業培養具有扎實的英語語言基礎和廣博的文化知識並能熟練地運用英語在外事、教育、經貿、文化、科技、軍事等部門從事翻譯、教學、管理、研究等工作的複合型英語人才。在過去的13年裡，對複合型外語專業人才培養的研究總體上呈現出平穩向上的發展趨勢，這說明十多年來相關研究始終是外語教育界的研究重點。

研究內容主要包括以下五個類別：

第一類，複合型外語人才培養的必要性。首先，中國傳統的英語專業教學屬於單科型外語人才培養模式。在這種模式下培養出的外語人才已很難適應社會發展的要求。張紹杰、楊忠（2000）倡導英語專業教學改革，培養更多的外語人才，其中複合型外語人才培養是外語專業發展的一個方向。其次，辦學條件參差不齊。差異巨大的辦學條件也決定了各個外語院校必須培養具有自己特色的複合型外語人才。20世紀90年代中期以來，中國大學英語專業快速發展，全國大約有九百多所大學招收外語專業的學生。這些院校大致可以分為五種類型：外語大學（學院）、綜合性大學（學院）、理工科大學（學院）、師範大學（學院）和其他專科類院校（如藝術、體育、財經、傳媒院校等）（李傳松、許寶發，2006）。各類院校學生入學水平不一，大學辦學水平各異，師資差異很大。同時，社會也需要不同類型的外語類人才。基於這種狀況，不同院校的英語專業應該根據自身的教育資源和當地具體的經濟發展需求，選擇適合自身的辦學模式，培養各種類型的外語人才。

第二類，複合型外語人才培養模式研究。經過20世紀90年代的探索，各

院校逐步改變了傳統外語教育模式，在 20 世紀末初步形成了「外語+專業知識」「外語+專業方向」「外語+專業」「專業+外語」「非通用語種+英語」「雙學位」等六種實用型模式的專業教學改革態勢（教育部高等學校外語專業教學指導委員會，1999）。大連理工大學實行「專業+英語」雙學士學位的辦學模式，廣東外語外貿大學國際商務管理學院商英系在英語教學方面強調語言技能課和「浸泡」課程結合，在商務知識教學方面強調課程的系統性和實用性，培養了大批高質量的外語複合型人才。西北政法學院法律外語系採用的是「英語+法律」複合型人才培養模式，這些嘗試表明，學科結合之路是培養當今社會的複合型人才的必由之路。平洪（2009）認為商務英語本科專業是英語專業本科主干課程和商務專業本科主干課程的有機結合，在強調英語語言技能的同時，還應強調商科課程的全英教學。只有把英語與商科進行交叉和融合，才能培養出國際通用型高級商務人才。

第三類，複合型外語師資研究。華泉坤（2000）認為師資隊伍應具備「優良的思想品德素質、全新的教育思想和理念、合理的知識結構、恰當的教學方法和測試方法」。學者們認為在目前複合型外語人才培養體系中，由於知識結構單一，專業英語課程的師資狀況不容樂觀，應該建立一個包含語言提高部分和教學研究部分在內的專業英語師資培訓課程（朱萬忠，韓萍，2002）。梁雪松、陳黎風、陸英（2006）也認為，目前，ESP 師資力量嚴重匱乏，建立 ESP 教師教育模式非常必要，它包括知識基礎結構和專業實踐環節（陳冰冰，2005）。而目的為培養複合型外語教育人才的師範院校，在本科外語專業教學中的師範性體現不夠，教學方法較為單一，在指導思想上不太重視學生反思能力的培養（張穎、王薔，2000）。

第四類，複合型外語人才培養模式下的教材研究。目前商務英語寫作教材編寫存在六大問題：理論與原則長期缺失，需求分析基本空白，重複建設現象嚴重，材料和任務真實性不高，立體化建設嚴重不足，教材研究滯後（馮輝，張雪梅，2009）。並且教材使用混亂，抄襲嚴重；多知識介紹，少能力操練（梁雪松、陳黎風、陸鶯，2006）。專門用途英語教材應以學生為中心，以需求分析和教材評價為前提，注重教材的真實性、多樣性和趣味性（高嘉璟，2009）。專業英語教材也存在主觀隨意性大、教材建設欠規範、教材研究滯後等問題。多數學者都主張用正確的教學理論指導與規範教材建設，分階段編寫教材以加強教材的適應性，加強專業英語教材建設的理論研究。對於專業英語師資培訓課上所使用的閱讀材料，在選材上應該以專業為方向，話題要廣泛（朱萬忠，2003）。有關商務英語翻譯教材，在複合型應用人才培養模式下，翻譯教材的編寫應轉變理念，體現非文學性，突出翻譯課程的實踐性，兼顧內

容的全面與系統（戎林海、李靜，2010）。

第五類，複合型外語人才素質研究。

首先是複合素質與人文素質關係的研究。經過十多年的實踐與探索，人們開始反思複合型外語人才培養模式下人才素質的培養效果。有學者對複合型培養模式提出質疑：王守仁和劉毅（2000）都認為中國過於重視商務技能訓練導致外語專業學生在「思想的深度、知識的結構、分析問題的能力方面」與其他文科學生有較大差距；蔣洪新（2010）指出「縱觀近十年外語複合型人才的培養實踐，屈指可數的成功者局限於幾所複合專業強大的院校」；胡文仲、孫有中（2006）和藍仁哲（2009）都認為外語專業應回歸人文學科。

一些學者反對把外語教育當成一種工具性教育，強調無論何種培養模式都要注重學生人文素質的培養，否則會忽視學生基本素質的教育，忽視外語專業的學術內涵（胡文仲、孫有中，2006）。蔣洪新（2010）認為「外語專業的複合型人才培養也是在學好該國語言文學基礎上的複合」。劉詳清（2007）指出中國普通大學英語專業複合型人才培養更要堅持人文主義教育傳統。另一些學者認為在培養複合型外語人才中應注重實施通識教育，以培養學生的人文素質。

更多學者認為提倡人文教育並不意味著否定複合型人才的培養（胡文仲、孫有中，2006）。也指出中國的改革開放與經濟全球化趨勢的確要求我們的大學及時輸送一大批英語功底扎實，具有人文素養，同時掌握一定應用學科專業知識的複合型人才。

其次是創新素質研究。創新型英語人才培養的觀點是20世紀90年代末提出的。姚乃強（2001）指出新《大綱》提出的教學原則和各種措施都著眼於提高學生的素質，培養創新能力。文秋芳（2002）和陳新仁（2003）等探討了創新人才的定義和創新素質的構成。張杰（2006）呼吁中國目前英語專業人才培養應該開啓創造性思維人才培養的工程。王金洛（2005）和鄭玉琪（2006）研究了英語專業課程設置與創新人才培養模式。王潔等（2008）探討了培養具有創新素質的複合型外語專業人才的教育理念以及正確認識人才培養的根本目標。曹德明（2007）介紹了上海外國語大學培養創新型國際化外語人才的做法。學者們共同認為複合型和創新型人才規格將在新世紀裡相當一段時間內並存，後一種規格是在前一種規格基礎上的提升（王金洛，2005）；創新型外語人才培養是一種更高規格的培養模式，是外語專業發展的必然產物。

2.1.2.5 商務英語學科建設研究

商務英語作為獨立的學科被承認僅僅是2007年的事情，即教育部2007年首次批準在對外經濟貿易大學設立中國第一個商務英語本科專業。這標志著商

務英語經過 50 多年的發展，第一次在中國高等教育本科專業序列中取得了應有的學科地位。繼對外經濟貿易大學設立商務英語本科專業之後，2008 年教育部又批準廣東外語外貿大學和上海對外貿易學院開辦商務英語本科專業。

商務英語之所以曾經長期難以以學科地位立足，除商務英語學科理論走向成熟需要時間之外，英語學術界自身對商務英語的界定和學科定位始終存在爭議，難以達成一致意見也是一個重要的原因。有學者指出如果把商務英語單列為學科，那麼英語將被無休止地分裂，演化出「商務英語」「科技英語」「醫學英語」「金融英語」「旅遊英語」「體育英語」等多元語言概念。

有學者也指出商務英語可以自成學科是因為商務英語與 ESP 的其他門類，如科技英語、法律英語等差異很大。Pickett（1989）指出商務英語是一種工作語言，是普通大眾語言和技術語言之間的一種中介語言（mediating language），涉及普通大眾的溝通、企業之間的溝通，還有技術語言本身，所以內容範圍更加廣泛，而科技英語、法律英語則主要是技術語言。學習科技英語、法律英語是個人獲取知識的行為，而學習商務英語是學習如何成為商務世界的成員（Dudley-Evans, St John, 1998）。商務英語學習不僅涉及聽、說、讀、寫，更重要的是學習商務技能，這有利於學生未來職業和發展需要。有了獨立的學科地位，商務英語研究者才能系統地研究商務英語本身的內容、規律、特點、教學目標和教學方法等，幫助商務英語學習者更有效地掌握它。

由此可見，商務英語學科建設理論研究主要集中於四個方面：商務英語的界定、商務英語學科定位、理論體系和商務英語學科發展的要素。

第一方面，商務英語的界定。2007 年以前的 50 多年中，國內外語界比較流行的理解是，商務英語就是商務領域使用的英語，包括商務和英語兩個方面，是商務和英語的結合，與普通英語同根同宗。程世祿、張國揚（1996）把商務英語歸為職業英語（English for Occupational/Vocational Purposes）的一種，同旅遊英語、科技英語、醫學英語等並列。王興孫（1997）把商務英語看做是商務活動的工具，是英語的一種應用變體，落腳點在英語語言上。

鄒美蘭（2004）指出：「商務英語是為『需要使用英語』的工作人員和即將投身商界的學生們所寫。使用英語是目的，『商務』是指使用英語的商務工作人員和商務環節。英語是傳播的媒介，而商務則是傳播的內容。『商務』與『英語』不是簡單的相加關係，而應該是有機融合。」

張佐成、王彥（2002）對商務英語的界定更系統：商務英語是在商務場合中，商務活動的參與人為達到各自的商業目的，遵循行業慣例和程序並受社會文化因素的影響，有選擇地使用英語的詞匯語法資源，運用語用策略，以書面或口頭形式所進行的交際活動系統。這個界定比較全面地描述了商務英語的

三個要素，即商務學科知識、英語語言知識和運用、商務實務之間的關係。

陳準民（2008）則把商務英語定義為「一切超越了私人關係的英語」。這個定義使得商務英語的涵蓋面擴大到了前所未有的程度。

第二方面，商務英語學科定位研究。一般來講，學界人士主要從兩個方面理解：①商務英語是一個新的應用型交叉學科。商務英語學科涉及語言學、心理學、社會學、經濟學、管理學、法學、教育學、計算機科學等諸多學科。這些學科與商務英語既相互作用，又相互依存。商務英語與上述各學科之間是一種相互依存、相互支持的關係，離開了其中任何一個學科，商務英語本身將不再是一個完整的學科（劉法公，2009）。話語能力是商務英語的最終目標，各學科知識是商務英語的基礎，商務英語教學是商務英語的實施手段，商務英語研究則是商務英語目標實現的保證。②商務英語歸屬於應用語言學學科。根據商務英語學科的研究對象，當前許多學界人士認為商務英語學科宜歸於應用語言學學科之下。商務英語學科雖然涉及諸多其他學科，但它的任務是研究在國際商務領域和活動中英語的使用和以此為教學內容的教學體系，培養的是在國際商務活動中具備行為能力的專業人士。實質上，商務英語學科是一門以應用語言學為主導，以多學科知識為基礎的應用型交叉學科。

國外商務英語的教學也給中國提供了學科啟示。有的國外大學將商務英語設置為獨立的本科專業項目，如英國的 University of Central Lancashir 專設 BA（Hons）English for International Business 學位。就讀本學位課程的學生通過學習商務課程，提高在商務交流、商務英語口語和書面表達方面的技能。本學位課程重點培養學生在國際商務交流中的英語應用能力、跨文化交流意識和交流技巧。有的國家設立的商務英語專業在名稱上與中國有差異，但培養目標與我們是一致的。如泰國亞洲科技大學（Asian University of Science and Technology）和泰國博仁大學（Dhurakij Pundit University）的取名是 English for Business Communication（BA），英國考文垂大學（Coventry University）的取名是 English and Business BA Honours Degree，新加坡西姆大學（Sim University）則使用 BA in English with Business，而英國 Staffordshire University 使用的相關名稱是 BA Business and English for Business Communication，但它們的培養目標與其他國家的商務英語基本一致。

第三方面，商務英語理論體系研究。到目前為止，商務英語學科還未形成獨立的理論體系，盡管眾多學者對其使用範圍做了多種的界定，在 ESP 教學理論基礎上對商務英語教學形成了一些理論性見解，也在相關的領域做了大量的研究工作，然而，沒有獨立的理論體系作為支撐，學科在未來人才培養與學科建設等方面的各項工作是沒有根基的。許多學者也在對此進行探討與研究。

王立非（2013）提出了「商務英語語言學」的概念。認為商務英語語言學就是從不同的理論語言學視角研究英語在國際商務領域中的使用問題，是英語語言學和國際商務學的交叉。商務英語語言學包括以下十三個組成部分：商務英語詞彙學、商務功能語言學、商務認知語言學、商務語用學、商務話語分析、商務翻譯學、跨文化商務交際學、商務社會語言學、商務對比語言學、商務語料庫語言學、商務英語教育學、英語經濟學及商務英語研究方法。林添湖（2014）認為商務英語應該成為應用語言學的一個分支學科——「商務語言學」的下游學科。「商務語言學」這一概念的提出一是緣於國際商務領域中廣泛使用的商務語言本身具有突出特點和豐富內涵；二是緣於其研究對象和研究領域的突出特點賦於其較明顯的獨立性或特殊性。這些現實情況使得商務語言研究同其他相關研究領域之間形成了一個相對明顯的學術邊界。

曹德春（2012）依據美國商務溝通學（Business Communication）領域裡的標誌性成果之一，跨文化商務溝通概念模型（AConceptual Model for Intercultural Business Communication），建議中國商務英語學科理論體系將商務溝通作為核心。他建議中國的商務英語學科的理論體系可以包括四個子系統：英語語言教育理論、國際商務溝通理論、跨文化交際理論、國際商務理論。這四個理論子系統分別支持不同的教學目標：英語教育理論支持英語語言基本技能的教與學；國際商務溝通理論可以塑造商務英語學科的核心競爭優勢；跨文化交際理論和國際商務理論可以引導商務英語教師和學生獲取對國際商務溝通的兩個環境因素——「文化」和「商務」的理解和把握。

第四方面，商務英語學科的發展要素。劉法公（2009）認為商務英語學科的發展在很大程度上取決於商務英語教師的職業素質、學術研究方向和成果。要想培養複合型英語人才，教師自身也應該具備複合型的素質。商務英語教師應該是國際商務某個學科的小專家，在教學中能夠把商務學科知識和英語語言訓練有機結合起來。商務英語是 20 年來中國外語界的科研熱點。據上海對外貿易學院 2008 年一項調查顯示，1980—2006 年的 26 年間，在中國各級刊物上發表的關於商務英語研究基本問題的文章達 2472 篇，可謂「碩果累累」。而到了 2013 年，商務英語研究方面的文章已經上萬篇。而研究的深度和廣度還是遠遠不能滿足商務英語學科建設的需要。劉法公（2009）指出研究方向是商務英語學科建設的基礎。正確的研究方向是商務英語研究所急需的。商務英語學科有了明確的研究方向才能逐漸形成其自身的核心競爭力。今後商務英語研究需要深化和拓展，在理論深度、創新模式、學科對比、交叉融合、教學實踐等方面下工夫。

## 2.2 研究評述

目前，中國關於商務英語的研究主要集中於商務英語教學類研究、商務英語語言類研究、複合型英語人才培養研究、跨文化商務交際能力研究和商務英語學科建設研究五大領域。這五大方面的研究並不是互相獨立、毫不相干的。我們可以把他們看做一個整體的五個方面，共同構成了商務英語研究的一個完整體系。商務英語人才的培養有賴於這五個方面的共同發展與進步。

表2.1顯示了2000—2013年CNKI所載各類中文期刊對於商務英語研究的主要文獻統計。從中可以看出，商務英語教學類研究佔據了絕對多數。其次是商務英語語言類。跨文化商務交際也佔據了一定的比例。然而總體來說各類研究的分布還不夠均衡。

表2.1 2000—2013年CNKI所載各類中文期刊商務英語研究文獻統計

|  | 期刊 | 碩士論文 | 博士論文 | 會議論文 | 報紙 |
|---|---|---|---|---|---|
| 商務英語教學類 | 8286 | 290 | 7 | 63 | 25 |
| 商務英語語言類 | 340 | 23 | 5 | 22 | 9 |
| 複合型英語人才培養 | 190 | 24 | 0 | 20 | 9 |
| 商務英語學科 | 114 | 16 | 4 | 24 | 11 |
| 跨文化商務交際 | 207 | 24 | 0 | 20 | 9 |

由圖2.3可以看出，每一類別的研究又可分為三個層次：起點研究、中間支撐性研究和總結拔高研究。起點研究是指該領域最早的、具有意義的初始性研究，如商務英語教學方面的《案例教學模式在商務英語專業教學中的應用研究》（王旭巍，2009）；有關商務英語話語與翻譯方面的《國際商務英語語言與翻譯研究》（廖瑛、莫再樹，2007）；關於商務英語學科建設的《商務英語學科建設面臨的機遇及要解決的問題》（王興孫，1999）。關於人才培養的《複合型英語專業人才培養的瓶頸與對策》（南佐民，2005）。中間支撐性研究是指繼初始研究之後，後續研究者所跟進的大量中等水平研究成果，可能會有重複性研究，也可能會有純為發表而拼湊的文章成果，研究數量會很多，但水平不會特別的高。總結拔高研究則是指當某一領域研究成果已經非常豐富，一般研究者很難再有新角度和新思路，需要高層次學者對其進行尖端性的總結和拔高。該類別研究會有較大難度，也是當前商務英語各類研究中缺少的成果。

```
跨文化商務交際研究              復合型英語人才培養研究
┌─────────────┐                ┌─────────────┐
│  總結拔高研究  │                │  總結拔高研究  │
│  中間支撐研究  │                │  中間支撐研究  │
│   起點研究    │                │  總結拔高研究  │
└─────────────┘                └─────────────┘
            ↘                  ↙
          ┌─────────────────────┐
          │  商務英語人才培養研究  │
          └─────────────────────┘
        ↗            ↑            ↖
┌─────────────┐ ┌─────────────┐ ┌─────────────┐
│  總結拔高研究  │ │  總結拔高研究  │ │  總結拔高研究  │
│  中間支撐研究  │ │  中間支撐研究  │ │  中間支撐研究  │
│   起點研究    │ │   起點研究    │ │  總結拔高研究  │
└─────────────┘ └─────────────┘ └─────────────┘
    教學研究         學科建設研究        語言研究
```

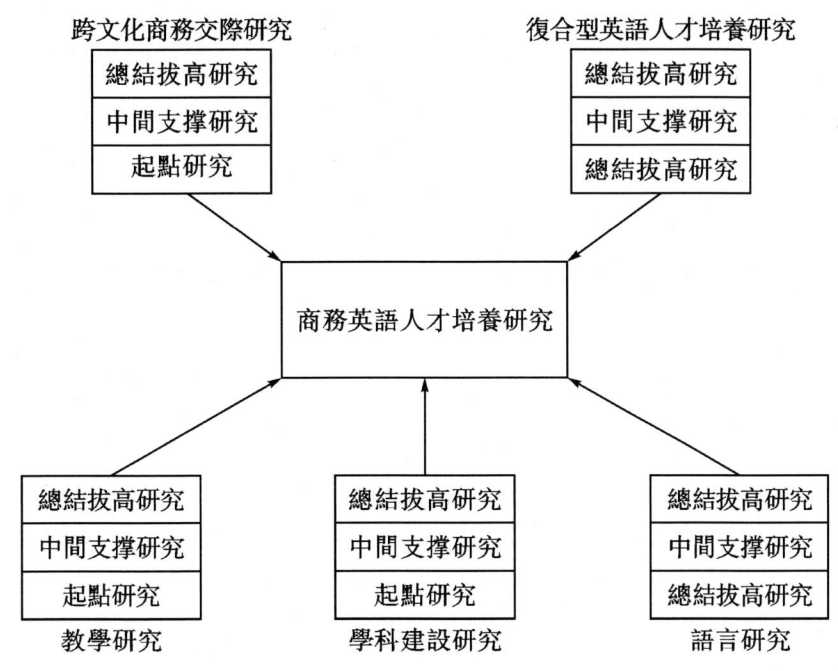

圖 2.3　中國商務英語人才培養研究體系

　　當前，商務英語研究體系中的教學、話語、跨文化研究，正在趨於成熟階段，其研究空白點在於其類別的第三層，即商務英語話語模型研究，跨文化能力評估測試方法研究等。商務英語教育教學研究的文獻數量很多，角度也很全面，但是重複性研究過多，缺乏拔高性文獻，比如科學的教學評估方法等方面的研究，需要高水平學者完成。商務英語學科建設方面還處於不太成熟階段，盡管已出現了一些新的、令人驚喜的研究視角，但遠遠不能滿足現實需要。該領域的中間支撐性研究還是大量欠缺的，需要各層次研究者去填補。這也是本書研究的一個意圖。

# 第 3 章　中國商務英語人才需求與供給現狀

當今世界正處於科學技術不斷更迭、進步的時代，隨之而來的是社會對人才需求的變化，這就要求人才培養目標和培養方式能夠著眼於當前社會經濟發展和市場需求情況。商務英語專業在人才培養方面還存在著傳統人才培養方式遺留的缺點，比如注重語言技巧的訓練，輕視綜合素質的培養，英語語言與商務技能的割裂，實踐能力培養欠缺，等等。因此，首先我們需要對當前社會對本專業人才的需求狀況以及該專業人才在就業市場的就業狀況進行較全面的了解，以便於商務英語專業制定相應的人才培養戰略。

## 3.1　商務英語人才需求現狀

當前，對商務英語人才需求最為迫切的應屬國際商務活動領域。國際商務活動指以對外貿易為主，包括國際投資、許可業務、管理合同、承包生產、建設等一系列經濟活動的總稱，涉及面非常廣泛，這些領域對於商務英語人才都有強勁的需求。從目前中國的外貿出口量估計，未來五年內具有外貿出口權的公司將在現有的基礎上再增加 18 萬家，屆時中國將有 36 萬家以上具有進出口權的公司。根據中國目前具有進出口權的公司擁有人才的平均比例計算，中國至少還需要 180 萬的外貿人才為企業服務，而其中對商務英語人才的需求所占比重相當大。據預測，在未來 10 年裡，英語類人才尤其是商務英語專業的人才將是最受歡迎的 10 類熱門人才之一（CN 人才網 2014）。而當下則需要對商務英語人才的培養工作未雨綢繆。目前，中國商務英語人才需求呈現以下背景與特徵：

### 3.1.1 對外商務活動發展壯大，對外商務環境逐漸複雜

改革開放多年以來，中國經濟迅猛發展，對外貿易逐年持續增長。英國《金融時報》中文網於 2010 年 2 月 22 日刊載文章稱，9 日發布的德國 12 月貿易數據已經證實，中國在 2009 年超越德國，成為全球出口「冠軍」。中國統計局 1 月 21 日發布數據，2009 年全年進出口總額為 22,073 億美元，全年出口 12,017 億美元，進口 10,056 億美元。德國 2009 年出口總值為 1.1213 萬億美元，低於中國的 1.2017 萬億美元，中國成為全球出口「冠軍」。

2013 年中國對外貿易總值為 25.83 萬億人民幣（4.16 萬億美元），扣除匯率因素后，同比增長達 7.6%，穩居世界第一。

經濟全球化意味著生產的全球化、貿易的全球化和金融的全球化。在經濟全球化的進程中，中國堅持對外開放基本國策，在更大範圍、更廣領域、更高層次上參與國際經濟技術合作和競爭。圖 3.1~圖 3.3 表明，過去 10 年，中國的國際商務事業全面實現了跨越式發展，而且，這一趨勢仍將繼續。

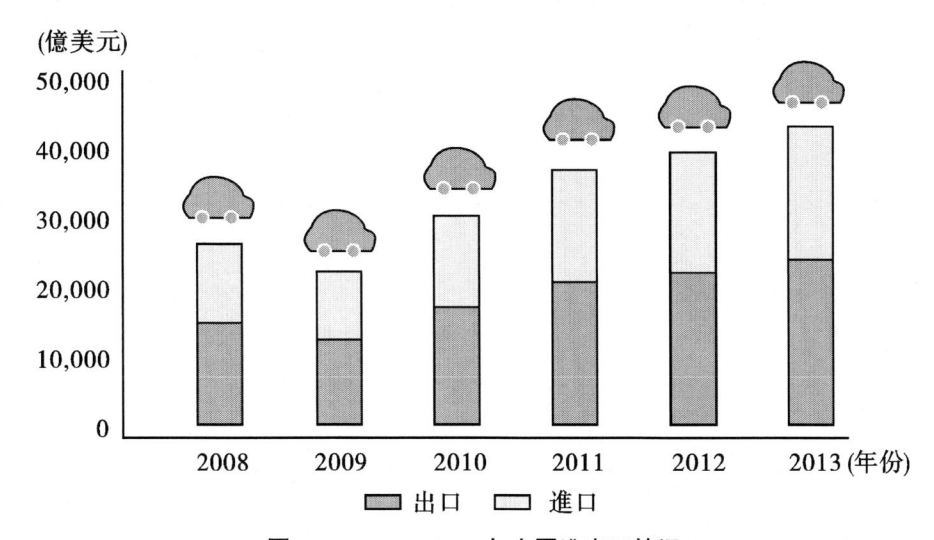

圖 3.1 2008—2013 年中國進出口情況

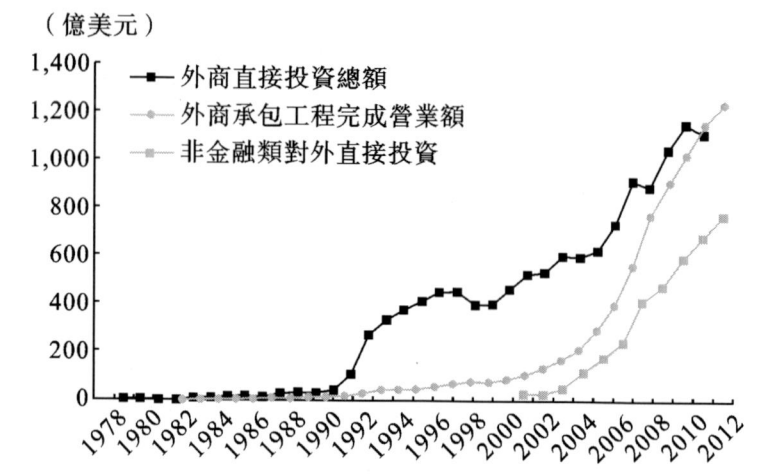

图 3.2　1979—2013 年外商直接投资总额、承包工程完成营业额和中国非金融类对外直接投资总额

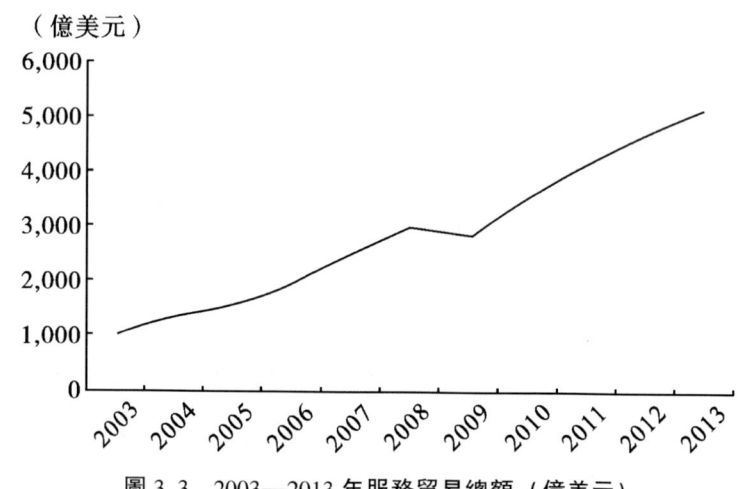

图 3.3　2003—2013 年服务贸易总额（亿美元）

中国对外贸易的快速发展是由几个方面的重要因素决定的。其一，全国掀起了经济建设的高潮，中国的对外贸易有了空前的发展。其二，中国成功地加入了世贸组织，使中国与世界的距离进一步缩小，特别是 2004 年 7 月 1 日起施行的「新外贸法」允许个人经营进出口贸易，使中国外贸业获得了全新、多变的发展机遇，对外经贸业务也呈现前所未有的繁荣景象。其三，越来越多的西方跨国公司将制造工序直接转移到中国，促进了大量外资的引进和外资企业的建立。在获得经济利益的同时，中国企业产业技术水平和国际竞争实力也得到了提升。其四，中国采取多种形式融入世界舞台，与世界的距离进一步缩小，比如 2008 年的北京奥运会、2010 年的世博会，还有各种层次不同的行业

展覽會等，這些都為中國企業和產品加速走向世界提供了平臺。

不過，海關總署新聞發言人、綜合統計司司長鄭躍聲提醒，在不斷擴大外貿發展的同時，國際商務從業者要更多地把精力轉移到外貿發展的質量和效益上，這是因為國際上的產業技術水平不斷升級，消費者對產品更加挑剔，國際競爭更加激烈。

首先，許多進口國，特別是發達國家針對進口產品的技術性指標提出了越來越苛刻的要求，內容涵蓋能耗、環保、包裝、兒童安全、農藥殘留、食品衛生等方面的標準。有些技術性指標要求之高，甚至連進口國本國企業也未必輕易能夠達到，這些標準對於中國出口企業的難度可想而知，實際上這些技術性指標已經成為針對進口產品的技術性貿易壁壘。除此之外，針對中國出口產品所進行的反傾銷、反補貼、保障措施等具有很強針對性、隱蔽性、突然性的貿易救濟措施，讓企業猝不及防。僅 2010 年第一季度，中國出口企業遭遇的貿易救濟調查就有 19 起，涉案金額 11.9 億美元，同比增長 93.5%。技術性貿易壁壘和貿易救濟行為雖然針對的是產品，實際上卻讓出口企業面臨更加複雜的經營環境，對企業管理者提出了更高的要求，應對複雜多變經營環境已經成為外貿從業人員不可或缺的基本能力。

其次，競爭格局的變化對外貿經營管理人才提出了新要求。一方面，國內外貿企業原來依靠信息、資源甚至政策所獲得的優勢不斷弱化，要想繼續生存，只能依靠經營效率獲得成本優勢，依靠企業經營戰略獲得市場優勢，依靠知識產權獲得壟斷優勢等。另一方面，國際採購商大舉進入中國，依托豐富的競爭經驗、雄厚的資金實力以及良好的管理體制，與本土外貿企業開展直接競爭。中國改革開放 30 餘年，有外資背景的外貿企業在進出口總額中的份額迅速提高，目前已經達到 70%，國企和本土民營經濟的份額不足 1/3。

另外，經濟轉型和產業升級也給外貿行業帶來全新挑戰。中國國際貿易長期偏重出口拉動的經濟增長模式，現在正逐步向以國內需求拉動為主的增長方式轉變。中國有著巨大的潛在消費市場，這個消費市場正在進行著各方面的巨變。進口業務無論從規模、品種還是經營方式上都會發生大的變革。用於保障民生發展的資源型產品，例如糧食、礦產資源等以及用於改善百姓生活水平的進口消費品甚至奢侈品都會出現大幅增長。進口業務在風險控制、分銷能力方面的要求和出口業務有著顯著的差異，對於長期偏重出口創匯的外貿企業是機遇，但更是挑戰。

外貿行業的產業升級集中體現在對企業產業鏈的整合以及貿易投資一體化戰略兩個方面。貿易投資一體化是指當代國際貿易和國際直接投資之間高度融合、相互依賴、共生發展、合為一體的一種國際經濟現象（張二震等，

2014）。這和產業鏈升級是密不可分的。激烈的競爭讓進出口業務的平均利潤率下降至不足 1%，企業降低成本的空間幾乎耗盡。在這個背景下，越來越多的企業沿著產品價值鏈進行業務整合。以農產品出口為例，外貿企業如果在生產、加工、物流、營銷等各環節上做到一體化管理，就可以從整個鏈條得到可觀的利潤。一些跨國公司甚至實現了從農場到餐桌的全產業鏈整合。實際上，控制產品的生產和銷售已經成為一些大型跨國公司獲得競爭優勢的重要手段，進出口這一環節僅僅是其中的一個業務流程，在價值鏈上的貢獻已經很有限（李麗，2010）。

### 3.1.2　社會對商務英語人才需求標準日益提高

對外貿易以及各種國際商務活動的發展現狀對國際商務從業人員更加具有挑戰性。涉外企業和機構最需要的是商務語言應用能力強、熟悉對外經貿和商務崗位知識及技能，具有動手與動口能力和較強就業競爭力的商務英語人才。根據我校課題小組對河北省 47 家涉外企業的調查，對商務英語專業人才的技能要求排在前七位的是：較好的英語口語能力、扎實的專業知識水平、較強文字處理能力、良好的團隊合作與溝通能力、公關能力、推廣開拓能力、熟練的計算機運用能力和較高的人文素養。

（1）較好的英語口語交際能力。這是從事國際商務工作的前提。大多數企業要求國際商務從業人員能獨立承擔中小型涉外活動的現場翻譯工作，還能夠獨立進行對外商務談判工作。伴隨著中國經濟 20 多年的迅猛發展和全球經濟一體化大環境的影響，中國對外商業交往形式日趨多元化，今日的商務活動涵蓋範圍極廣，包括金融、營銷、管理、旅遊、物流等許多方面，已不再局限於貿易領域。即使是貿易，也由原來的貨物貿易擴展到服務貿易和知識產權貿易。因此，許多企業在招聘人才時會考察應聘者在多個商務領域的口語運用能力。

在課題組進行問卷調查過程中，一位商務英語高職畢業生驕傲地表示，雖然剛開始她只是一名秘書，但由於英語口語能力較強，她漸漸有了更多機會展現自己的能力，現在老板談生意每次都會帶上她，並且已經將她晉升為總經理助理。在她的就業經驗中她多次談到：如果要和別人比學歷，高職畢業生沒有任何優勢，可是實實在在的商務英語口語技能是企業最為看重的能力。

不僅如此，企業還要求從業人員具有較強的商務交際能力。商務活動是一個動態的過程，它要求從業人員能在不同的商務情景中靈活應變。可以說國際商務從業人員運用口語的過程實際上就是分析商務問題、解決商務問題的過

程，商務知識和外語口語能力的簡單疊加已經不能滿足企業對商務英語人才的需要，企業需要的是能夠通過自己的主觀能動性把知識學以致用的人才。

（2）扎實的專業知識水平。擁有過硬的專業技術知識對企業也是很重要的。升級中的中國對外商務領域需要的具有較高專業素質的人員。涉外企業對人才的專業知識非常重視，要求從業人員不僅熟練掌握本專業的理論知識（以國際貿易知識為主），還要擴充知識面，了解相關專業知識，如相關商品知識，財務知識、企業生產、企業管理和跨文化知識等。

我校課題組對河北省47家商務英語用人企業進行了調查問卷，目的是獲取企業對商務英語人才的需求信息。調查對象均為設有商務英語相關崗位的公司或企業。其中一項問卷是關於專業知識重要性的調查。表3.1按照重要性的強弱把用人單位認為重要的前13項商務知識進行了排列。

表3.1　　　　　用人單位對商務知識重要性評價排序

| 商務知識 | 重要性排序 |
| --- | --- |
| 國際商務禮儀 | 1 |
| 進出口英語函電 | 2 |
| 市場營銷學 | 3 |
| 商務談判技巧 | 4 |
| 知識產權保護等相關法律 | 5 |
| 會計學 | 6 |
| 經濟學原理 | 7 |
| 報關實務 | 8 |
| 國際商法、電子商務法 | 9 |
| 國際貿易項目分析 | 10 |
| 項目管理 | 11 |
| 商業物流學 | 12 |
| 投資學 | 13 |

（3）較強的文字處理能力。扎實的英文功底，較高的專業外語文獻資料閱讀和翻譯水平，熟練的翻譯技巧，專業的商務寫作能力都是涉外企業對商務英語人才在文字處理能方面的要求。商務英語具有自身的文體特徵，是現代英語的一種功能變體，是國際商務工作者之間長期交際的結果（廖瑛、莫再樹，2011）。商務英語屬於實用文體，針對的就是商務領域的從業人員，無論是經

濟合同、商務文書的草擬，商業單證的填制，產品說明書的翻譯、還是經濟案例的申訴、冲裁與判決，都離不開商務英語的文字處理和應用。商務英語文字處理能力在未來的商務活動中將會顯得越發重要。

（4）良好的團隊合作與溝通能力。企業團隊精神是指企業員工的思想意識、工作態度、工作動機和行為方面的良好表現。團結奮鬥是企業團隊精神的核心。團隊精神有利於企業發展方向和目標的實現。員工會在團隊精神的指引下，統一思想認識，自覺地將企業發展目標作為自己行為的定位儀，因而形成一種凝聚力量，這是企業完成各項工作任務的必要條件。團隊精神的加強會使成員自覺地要求進步，力爭與團隊中最優秀的員工看齊，這種自覺性的競爭激勵員工不斷進步，並且使成員相互感染、相互熏陶、自我激勵、嚴格自律，從而使團隊的整體合力不斷增強。

國際商務從業人員還需要良好的溝通能力。溝通就是了解、協商、交流及通氣。良好的溝通能夠促進團隊精神的培養，順利完成企業制定的目標。從業人員不僅要重視本企業內部成員之間和部門之間的溝通，還要重視與合作伙伴，即與國際商務活動中的合作對象的溝通。涉外經濟活動的對象來自世界上不同的文化，而來自不同國家和民族的商務人員具有不同的文化價值觀、行為準則、思維方式、態度和信仰，等等，這些差異很可能導致行為上的文化冲突，甚至導致生意上的失敗。這也意味著國際商務活動的跨文化交際本質。跨文化商務溝通能力可以幫助人們解決國際商務活動中文化差異所導致的溝通與管理方面的問題。

（5）開拓能力。當下，不少企業十分看重國際商務從業人員的市場開拓能力。這種能力是國際貿易的業務人員所具備的較高層次的能力。在知識激增、競爭加劇、科學技術日新月異的今天，開拓能力成為企業最青睞的能力。企業能否獲取財務績效，實現可持續成長，將取決於人才的開拓能力。開拓能力是在已有知識基礎上，加強已有技能、流程和結構，改善已有設計，提高已有產品和服務的性能並提升已有銷售渠道的效率。企業把已有的知識或專長成功應用於新領域的經營活動，設計出新的產品或服務，滿足了市場新的需求，開拓了產品或市場範圍，增加了組織的收益。

開拓離不開創新，創新是一個組織為求生存及發展的活動總稱，開拓可以使公司再創造新價值。創新行為的涵蓋面是非常廣泛的，涉及新思想、新發明的產生、新產品的設計、新的生產制程、新的行銷策略和開發新市場等各種活動。

技術創新可以提高生產效率，降低生產成本；體制創新可以使企業的日常運作更有秩序，便於管理，同時也可以擺脫一些舊體制的弊端，如美國通用電

氣公司通過減少企業管理層次的設置避免了科層制帶來的信息傳遞不暢通；思想創新對於企業的發展來說是非常重要的一個因素，領導者思想創新能夠保障企業沿著正確的方向發展，員工思想創新可以增強企業的凝聚力，為企業帶來更大的效益。故而企業對從業人員的創新意識也有著強烈的要求。企業員工創新能力來自較強的自主能力與學習能力，員工的自主能力與學習能力能為企業賦予更強的開拓精神，在複雜多變的經濟環境中有效地開展經營活動和進行生產、服務創新。

（6）熟練操作計算機以及使用互聯網的能力。信息化、網絡化使得國際貿易經營管理方式發生了重大的變革。訂單、發票、提貨單、海關申報單、進出口許可證等日常往來的經濟信息，按協議用國際標準化的文件通過網絡進行傳送，Internet 網上廣告代替了電視、雜誌、報紙等日常新聞媒介中的一些宣傳作用；微軟公司開發的 98 視頻會議系統可直接在 Internet 上進行談判、促銷等活動；E-mail（電子郵件）和網絡電話，比以前的一些傳統工具如傳真、信函、國際長途，降低了成本和交易費用，節省了時間；一些電子商務網上銀行系統在網絡上實行電子付款，紙幣流為無紙電子流所代替而引發的支付革命和貨幣革命是不可阻擋的發展趨勢。

以計算機網絡信息技術為核心的電子商務系統利用信息技術改造了傳統貿易方式，締結了一種現代化的貿易服務方式，為國際貿易提供了一種信息較為完全的市場環境，從而使市場機制能夠更為充分有效地發揮作用。這種方式突破了傳統貿易以單向物流為主的運作格局，實現了以物流為依據，以信息流為核心，以商流為主體的全新戰略。物流企業能夠在計算機網絡上為進出口提供包括代理報關、商檢、倉儲運輸等為內容的物流作為整套服務體系的載體。網絡商務平臺不斷向客戶提供商貿信息咨詢、市場分析、進口產品的保稅展示和倉儲、網上推銷與廣告宣傳等服務，在世界各地建立代理銷售網絡，為制造商與貿易商創造商機，尋找買主，撮合併成交，並提供成交后的出口服務。電子商務系統解除了傳統貿易活動中的物質、時間、空間對交易雙方的限制，促進了國際貿易的深化發展。

計算機和互聯網的使用已經融入了各行各業中，這也是國際商務從業人員必不可少的技能之一。

（7）較高的人文素養。簡要地說，人文素養包括文（文化與文學）、史、哲三大領域的知識。國際商務從業人員要在國際環境中成功地使用英語從事各種商務活動離不開人文素養和文化意識的培養。國際商務活動不僅需要英語語言技能和國際貿易知識，財會、法律和文化等諸多人文性較強的學科領域。商務英語是上述學科內容的綜合而不是全部內容的總和，它的任務是培養學生從

事國際商務活動的能力。人文教育培養出的人文素質使從業人員能夠利用自身豐富的專業知識和廣博的文史哲知識靈活應對各種情況，能夠迅速分析問題、解決問題，贏得客戶的信賴與歡迎。例如，出口企業對客戶所在國家消費習慣和消費偏好的了解可以幫助企業設計、生產出適合對方市場的產品，使自己的產品占據更多的市場份額。

健全人格、善思博識、自由精神和社會責任感也都是人文素養的內涵。這些內涵似乎不能快速「適應」市場的需求，為企業帶來直接經濟利益，但從長遠角度來看，基於全人教育所帶來的深厚底蘊，學習者未來發展會更具潛力，會成為推動社會進步卓越人才。許多企業也已經認識到了這種潛在的資源優勢，對人才的人文素養表現出更多的關注。

### 3.1.3 學生自身對教育的需求標準提高

調查結果顯示，學生選擇商務英語作為自己的專業，是基於對這個適應社會需求的複合型專業的信任與憧憬。他們期待這個專業為他們帶來良好的未來職業發展。他們對該專業的需求體現了教育服務這個產品的購買者對英語類專業教育的更高期待。

（1）看重專業的核心競爭力。商務英語專業的設置以及學科的發展是中國大學英語專業為了適應全球經濟一體化背景下社會對人才國際化和複合化的要求而做出的新動作。人才是知識經濟的時代最寶貴的財富。而是否具有鮮明的特色與優勢決定了人才在社會中的被接受度。許多準備進入高等院校接受高等教育的考生把所選專業的核心競爭力作為最重要的指標。

招生信息顯示，在2013與2014年兩年的英語類入學學生中，河北經貿大學商務英語專業的招生人數是英語語言文學專業招生人數的三倍。學生希望從商務英語專業的學習中獲得複合的知識和技能結構，包括英語語言知識、溝通技能，經濟、商務、金融、管理和商務等相關學科的理論和知識框架、接觸不同的思維模式、研究方法和處理問題的方法，以及跨文化商務活動所需要的人文歷史、商務禮儀、國別文化概況等提高自身整體人文素質的知識。他們希望通過商務英語專業的學習獲得自身在未來就業市場中比英語語言文學專業畢業生更強的競爭力，同時他們也希望能夠通過在校期間所接收的教育使自己獲得更強的學習能力，保障未來的長遠發展。

（2）期待較高的教師素質。商務英語發展30年的歷史和現實以及社會與學生對該專業所提出的教育要求在不斷地發生變化，由最初的通用英語＋商務知識，到通用英語＋商務英語＋商務專業知識，到如今一些院校四年一貫的商

務英語教學+全英文授課的商務專業知識。我校課題組對某大學商務英語專業二年級 60 名新生所做的調查顯示，學生對教師的專業背景有比較高的要求。在 60 名受訪學生中，有 50%的學生把國際商務實踐經驗排在對商務英語教師素質要求的第一位。35%的學生把教師的商務知識排在第一位，10%的學生把英語語言的流利程度排在第一位，5%的學生把教學經驗排在的第一位。

學生對自己的要求不再僅僅是英語能力和商務知識的簡單叠加，而是能夠靈活運用英語語言實現商務活動的目標，並能應對商務活動中出現的各種問題。教師的榜樣作用非常重要。英語教師不再是單純的語言教師，而是用英語講授包括商務知識、商務談判、商務演講、商務會議組織等等商務技能的教師。學生期望的是雙師型商務英語教育工作者。

## 3.2　商務英語人才供給現狀

目前，中國的商務英語教學已經形成了相當大的規模。截止到 2013 年 7 月，教育部已批準全國 64 所高等院校開設商務英語專業的課程。全國大約有 2000 所大專院校開設了商務英語專業或方向（曹德春，2011）。2014 年全國商務英語專業畢業生在 55000 人至 60000 人之間（包括職業院校畢業生）。

由於各大專院校的辦學條件、辦學經驗，學生生源質量的差異，眾多的商務英語專業畢業生在社會上的認可度並不是很高。除了少數具備較高專業素質和綜合素質的畢業生得到用人單位的認可外，大多數畢業生暴露了許多能力缺陷。我校課題組針對企業和往屆商務英語畢業生所做的調查反應了一些普遍存在的問題。

### 3.2.1　企業評價普遍不高

（1）口語表達能力和溝通能力不理想。有關企業對商務英語專業人才能力的需求調查顯示，認可新錄用商務英語專業員工英語讀、寫、譯三項能力的企業占 56.56%。有近半數以上企業對英語聽說能力和實踐能力表示不太滿意或不滿意，其中對英語聽說能力持否定態度的比例為 66.67%。用人單位反應最強烈的問題就是畢業生不能用英語流利地接聽電話、進行商務洽談、產品推廣並在國際會展活動中發揮企業宣傳的作用。比如在產品展示技能方面，許多應聘學生不能使用專業英語進行產品介紹，使用英語表達自己的觀點，採取適當語言策略應對客戶的提問與質疑。企業還希望畢業生除了能夠使用流利的英

語進行商務交流外，還能夠借助身體語言這種非言語交流形式輔助自己與外商的溝通，在組織國際性會議時，能夠運用英語完成會議的組織和主持，能夠正確得體表達自己的觀點，得出結論，參與討論並與其他人進行合作。在商務談判中，能夠用英語與對方建立良好的人際關係、進行條件談判、堅持觀點或做出妥協，這些都是涉外企業所看重的語言能力。然而在我們對47家企業所進行的調查中發現，企業對商務英語畢業生語言表達與商務溝通方面的滿意度較低，平均打分只有60分。

（2）缺乏實踐經驗。在接受調查的外貿從業人員中，大多數具備外貿相關專業或外語專業背景知識。這些人知識掌握得中規中矩，但在實際業務談判中缺乏對知識的靈活運用。以河北省某出口公司某藥品原料的出口業務洽談為例。該產品的原料質量較為理想，但因為總量較大，買方試圖壓低價格，遲遲不肯下定決心簽訂合同。中方公司的年輕業務員比較迫切地想達成交易，沒有對國際市場的價格進行全面的了解，也未對國內同行業的產品做更詳盡的了解，便自我壓低價格快速達成交易。后又在支付條件上答應了對方提出的苛刻條件。最后發現，自己的供貨質量上乘，卻在價格上比同行業還低了1%，在這一筆業務上就損失了五十萬元。實際的業務談判中，業務人員面臨的問題非常具體，如何選擇適當的方案解決具體的問題，往往成為決定交易是否成功，是否能為企業帶來利益的關鍵。

（3）缺乏大局觀念，就業務談業務。不少外貿從業人員對業務本身不乏獨到見解，對行業競爭狀況、發展勢態都有較為深刻的理解，但普遍存在就業務談業務的現象。例如，在談到國外的技術性貿易壁壘以及貿易救濟案件的時候，相當多的人意見集中在兩個極端：一是把這理解為國外打壓中國出口的手段，二是對這些現象不以為然，認為只要專注自己的業務就夠了。至於說熟悉世貿組織規則，能夠從政治經濟大環境、法律和技術層面了解貿易救濟案件（哪怕是相關產品的案件）來龍去脈及問題關鍵的人少之又少。外貿企業經營環境和國內外政治經濟形勢變化密不可分。在技術性貿易壁壘方面，雖然不排除有針對發展中國家的歧視性規定，但大多數技術貿易壁壘在根本上體現了進口國對環境、衛生、健康的重視，大多數發展中國家的出口產品在這方面的確存在不足，這是客觀事實。貿易救濟案件的情形也是如此，雖然不難看到貿易保護主義的影子，但中國產品出口競爭無序、質量混亂、輕視知識產權等問題也是不爭的事實。在當前的國際競爭中，產品適銷已經是起碼的條件，競爭者之間的差異逐漸縮小，那些重視大局，對國內外的政治、經濟政策保持密切關注，積極研究國外政策環境，善於自我調整以適應國際競爭要求的企業才能更好地適應市場，占領市場。

（4）缺乏市場開拓能力。接受調查的企業普遍反應，當前制約企業外貿業務發展的重要因素是從業人員缺乏對產品上下游市場的開拓能力。就出口業務而言，一方面，企業缺乏對供應商的管理技能是企業出口產品存在質量問題的重要原因。另一方面，對國外市場缺乏有效的進入方式，客戶渠道狹窄，是出口企業在競爭中處於不利地位的重要原因。出口企業對從業人員的市場開拓能力抱有很大的期待。就進口業務而言，大部分從業人員缺乏對國內下游產品市場的開拓能力，甚至大多數外貿企業根本不具備在國內分銷產品的穩定渠道。受傳統的內外貿分離體制的影響，多數外貿企業不重視內銷渠道建設，最多關注一下供應鏈管理。伴隨著中國進口潛力的逐漸釋放，進口業務將成為外貿業務領域的新機遇，擁有了善於開拓國內市場的人才，企業才能在新的競爭形勢下取得競爭優勢。

（5）缺少文化視野。在外貿從業人員隊伍中，不熟悉外語、外國文化的已經不多，然而在實際業務操作中，卻頻頻出現因為缺乏文化視野而導致的問題。由於中外文化差異，不同的國家在機構的設置方面、政策法規要求方面也會呈現不小的差異。例如，在進口美國產品的業務中，中方企業一般要求美國出口企業提供的所有文件都要經過公證。這一要求在中國企業看起來無可厚非卻讓對方感到非常困惑，因為美國並沒有像中國這樣發達的公證機構，企業的公信力有相當一部分是通過律師函的形式來體現的。如果一味堅持公證，最終的結果要麼是曠日持久地談判，要麼終止合作。此外，要求對方企業出具營業執照、企業公章，要求政府出具證明文件等要求，在中國企業看起來很容易，但對很多美國企業來說確實是難以辦到的事情。

以上列舉的衝突歸根到底是國別文化的衝突。學校教育介紹的西方文化往往只停留在表面，而從事外經貿業務更重要的是熟悉文化現象背後的規則。例如，大多數人都知道美國是自由資本主義社會，但企業、政府、社會這三者的關係在美國和在中國究竟有哪些區別，能說得清楚的就不多了。在美國，企業經營自由得到了充分保障，政府對企業的干預很少，但對企業的支持也很少。例如，很多在中國由政府承擔的職責在美國是由大量的社會中介機構來承擔。面對這樣的文化和體制差別，業務人員不能採用想當然的態度處理業務，只能本著互相理解的精神開展合作，強求對方遵循自己習慣的做法很可能造成合作困難。如果處理不當，一些看似不重要的細節往往成為導致項目失敗的原因。

## 3.2.2 畢業生對工作經歷評價不高

在市場經濟條件下，基於高等教育服務理念，高等教育界普遍把學生看做

高等教育服務市場的需求主體。也就是說學生是我們高等教育這個產品的需求者，需求者的需求情況會對某個學科和專業的未來發展產生巨大影響。在對現有商務英語專業畢業生的調研中，我們發現他們在目前就業市場中的就業狀況並不是非常理想，主要表現在以下三個方面：

（1）現實與期望差距較大。本校課題小組在對本市商務英語專業畢業生的調查中發現，多數商務英語專業畢業生對自身的就業狀況並不是非常滿意。首先是性別造成的就業障礙。商務英語專業學生的性別比例懸殊較大。據統計，女生人數一般要占到學生總人數的80%以上，而且，從實際經驗來看，大部分女生的專業成績要優於男生。然而，企業對男生，特別是成績優秀的男生的需求度相對較高些，這就不可避免地導致企業需求與商務英語人才生源不匹配的問題出現，最終影響了商務英語專業畢業生的就業率。其次是過高的期望與現實需求的差異。80%～90%的畢業生期望在大中城市工作，在這部分畢業生中期望進入外企、知名民營企業和國家企事業單位的又占到80%。而能夠進入理想涉外企業的畢業生也只占到20%左右。在中小城市，西部地區、鄉鎮企業以及大量的小微企業同樣需要商務英語人才而且中小城市的招聘單位在待遇、發展空間等方面也給畢業生以較大的吸引，但這些單位中能夠招到滿意的商務英語人才的企業卻不到30%。

（2）能力與現實需求差距較大。高校舉辦商務英語專業的歷史淵源決定了該專業與生俱來的不足。設置商務英語專業的絕大多數都是各高等院校的外國語學院，歸屬英語語言文學學科之下。商務英語教學中普遍存在著重語言、輕商務、重理論、輕實踐的現象，致使商務英語專業畢業生能力與企業需求呈現巨大的差距。畢業生所學英語語言不能與商務知識有機結合，致使語言優勢無法發揮，甚至完全喪失。而實踐教學的缺乏使得畢業生不能快速適應商務工作，順利完成商務實戰任務。50%的畢業生表示自己在商務環境中的英語語言能力達不到企業的要求。40%的畢業生認為自己不能夠靈活處理在職場上遇到的突發問題。

（3）人才培養同質化與企業需求多樣化產生矛盾。許多接受問卷調查的學生表示在就業過程中發現不同高校培養出的商務英語人才規格大同小異，大致都是英語能力+國際貿易相關知識的人才，自己在人才競爭中缺乏與眾不同的優勢。這種現象是目前高校人才培養同質化傾向造成的。高校人才培養規格的基本特徵是「大一統」，傾向於理論型、研究型人才培養，致使學生只注重基礎理論學習，忽視實踐能力的訓練。而且專業素質區分度不高，缺乏特色。在現實世界裡，企業的形態與經營範圍是多元的，每個地方的企業都具有自己的特色，比如河北省承德地區的干果產品以及經濟作物出口就是該地區的特

色，而作為省會城市的石家莊在制藥以及藥品出口方面是非常有實力的。人才缺乏區分度，使得畢業生進入職場並適應職場的過程被延長了。這種同質化的商務英語人才培養現狀不僅導致人才結構失衡，而且造成了高等教育資源的浪費。一部分畢業生發現，如果大學教育過程中考慮了地方經濟特色，能夠把商務英語知識的學習與能力訓練與本地區經濟聯繫起來，畢業生在求職以及工作中就會更加得心應手，充滿信心。

## 附：商務英語人才培養需求調查報告

### 報告一
### 企業商務英語專業人才需求調查報告
河北經貿大學高校商務英語教學改革課題小組

為了了解河北省涉外企業對商務英語類人才的需求情況，也為了給本校商務英語專業提供科學、有力的教學改革依據，用以指導本專業改進商務英語人才培養方案，河北經貿大學高校商務英語教學改革課題小組就涉外企業對商務英語人才的需求情況進行了較深入的調查研究。調研工作於2013年9月2日至9月30日之間進行，主要採用問卷調查和數據分析的方法。調查對象涉及河北省47家涉外企業和河北省省會石家莊所在城市215名商務英語專業在校學生。課題小組從企業和學生兩個角度對商務英語人才的需求情況進行了調查，目的在於明確企業對商務英語人才各個層面的具體需求，同時試圖發現企業與學生對於人才需求的差異所在。

本研究關注的主要問題是：①用人單位對商務英語知識、技能的看法及對高校商務英語人才培養工作的評價如何？②商務英語在校生對商務英語知識、技能的認識及對商務英語教學的需求如何？③用人單位對以往畢業生表現滿意度如何？在回答上述問題的基礎上，研究嘗試進一步探索、改善現有商務英語專業人才培養模式的途徑。

一、**調查設計**

本次調查的對象是河北省商務英語專業在校生和設有商務英語相關崗位的公司或企業。參與調查的在校生共計215人，其中大二學生100人，大三學生95人，大四學生20人。他們從大一第二學期就開始陸續學習商務（英語）課程。通過對這些學生的問卷調查，研究者期望能夠了解目前本省商務英語專業課程設置、學生知識與能力培養等方面的現狀以及學生的學習需求。用人單位

調查共涉及47家公司或企業，調查問卷填寫人為人事主管，問卷主要用於獲取對商務英語人才的需求信息。對比兩套問卷的數據有助於揭示目前商務英語專業人才培養模式對學習者個人需求及市場需求的適應狀況，以便有針對性地對商務英語教學工作進行改革。

問卷調查的內容主要涵蓋崗位需求、英語證書、商務知識、商務（英語）技能和商務英語實踐教學。問卷分為四部分。第一部分詢問調查對象的基本信息，採用填寫題或選擇題題型。針對用人單位的問卷中還包括有關崗位需求的問題。第二部分調查對商務英語實踐教學的看法，採用選擇題和填寫題相結合的方式。第三部分調查對商務知識、商務（英語）技能、商務英語相關證書等四方面的看法，調查結果採用李克特五級量表形式，並且每方面都以一個開放式問題結束，以便調查對象填寫問卷沒有涉及的內容。最后一部分是一個開放式問題，搜集在校生和用人單位對商務英語專業人才培養的建議。

整個調查於2013年9月開展。對在校生的調查集中統一實施，學生獨立作答，時間為20分鐘。對用人單位的調查通過電子郵件實施。

調查所得數據分為三類：填寫數據、選擇數據和評價數據。對於第一類填寫數據，課題組要求調查對象據實描述。對於第二類選擇數據，若是單選題，如實報告選擇結果或比例；若是多選題，累積選項（很可能會出現選擇比例相加大於100%的情況），然后對每個調查對象的選擇做具體分析。對於第三類評價數據，採用李克特五級量表形式進行歸類匯總，選項「1-5」分別代表如下意思：1＝極為重要，2＝比較重要，3＝一般重要，4＝不太重要，5＝不重要。

## 二、結果與分析

（一）商務英語崗位需求

問卷調查結果顯示，47家用人單位每年都有商務英語崗位需求，最多達到30個，最少為1個，平均值為12.3個。其中，41家用人單位（占87.2%）需要商務英語口譯和筆譯人員。19家（占40.1%）需要外貿業務員，3家企業（占6.2%）需要管理人員。2013年，27家用人單位（占57%）招收的商務英語員工都是應屆畢業生。38家（占80.9%）認為大學本科學歷就能滿足商務英語崗位的需求。

在校生對「理想的工作崗位」的選擇與用人單位所需的崗位差異較大。只有28人（約占13%）選擇「商務英語口譯」，25人（約占11.6%）選擇「商務英語筆譯」，有32人（約占14.8%）選擇「外貿業務員」。學生選擇最多的崗位是「管理人員」，達到100人（約占46.7%）。另外，19人（約占8.8%）選擇了「秘書」，還有13人（約占6.4%）選擇了「其他」。

(二) 商務知識評價

該問卷精選了與目前高校開設的商務課程教學內容相關度極高的 13 種商務知識，用以調查在校生和用人單位對這些商務知識重要性的評價。表 3.1 按照用人單位排列的順序列出了各種商務知識的重要性評價結果。（1＝極為重要，2＝比較重要，3＝一般重要，4＝不太重要，5＝不重要；下同）。

表 3.1　　　　　　　　　　商務知識重要性評價

| 商務知識 | 重要性評價（在校生） | 重要性排序（企業） |
| --- | --- | --- |
| 國際商務禮儀 | 1.996 | 1.596 |
| 進出口英語函電 | 1.968 | 1.702 |
| 市場營銷學 | 2.211 | 2.404 |
| 商務談判技巧 | 2.206 | 2.512 |
| 知識產權保護等相關法律 | 2.391 | 2.723 |
| 會計學 | 2.566 | 3.064 |
| 經濟學原理 | 2.475 | 3.085 |
| 報關實務 | 2.433 | 3.085 |
| 國際商法、電子商務法 | 2.442 | 3.362 |
| 國際貿易項目分析 | 2.299 | 3.383 |
| 項目管理 | 2.489 | 3.447 |
| 商業物流學 | 2.568 | 3.511 |
| 投資學 | 2.598 | 3.532 |

表 3.1 顯示，在校生和用人單位對商務知識重要性的看法存在較大差異。總體來看，學生的評價區分度不大，均值大體在 1.9～2.6 之間，而用人單位的評價區分度較大，均值介於 1.5～3.6 之間。這說明在校生對這些商務知識在工作中的作用認識還比較模糊，傾向於認為所有商務知識對將來的工作都比較重要。獨立樣本 t 檢驗顯示，在校生和用人單位只在「市場營銷學」的重要性評價上不存在顯著差異（$t=1.267$，$p=0.105$），在其余 11 項商務知識的評價上都存在顯著差異（$p<0.05$）。盡管如此，雙方對一些重要商務知識的評價基本還是一致的，都認為「國際商務禮儀」「進出口英語函電」和「市場營銷學」是最重要的三類的商務知識，尤其是「國際商務禮儀」，這是因為在商務活動中了解各國的習慣做法，尤其是英語國家的商業做法，對於促進不同文化背景商務人員之間的交流和溝通至關重要。

(三) 商務（英語）技能評價

表 3.2 列出了在校生和用人單位對 17 種商務（英語）技能重要性的評價，

同樣按照用人單位排列的順序從高到低進行排列。

表 3.2　　　　　　　商務（英語）技能重要性評價

| 商務技能 | 重要性評價（在校生） | 重要性排序（企業） |
|---|---|---|
| 商務英語會話與演講 | 1.809 | 1.267 |
| 執行力 | 1.733 | 1.636 |
| 時間管理能力 | 1.725 | 1.679 |
| 心理承受能力 | 1.716 | 1.701 |
| 應變能力 | 1.749 | 1.701 |
| 適應環境能力 | 1.706 | 1.722 |
| 團隊協作能力 | 1.740 | 1.725 |
| 商務英語寫作能力 | 1.754 | 1.726 |
| 商務英語口筆譯能力 | 1.937 | 1.766 |
| 商務英語閱讀能力 | 2.446 | 1.957 |
| 推動成功的內驅力 | 1.924 | 2.086 |
| 邏輯推理能力 | 1.841 | 2.213 |
| 跨文化溝通能力 | 2.044 | 2.276 |
| 風險識別能力 | 2.060 | 2.321 |
| 資料分析能力 | 1.824 | 2.532 |
| 辦公自動化設備操作能力 | 2.517 | 2.616 |

　　表 3.2 顯示，在校生和用人單位對很多技能的評價都較為一致。獨立樣本 t 檢驗顯示，雙方除了對「商務英語會話與演講」「商務英語閱讀」「邏輯推理能力」「資料分析能力」「辦公自動化設備操作技能」和「風險識別能力」的評價存在顯著差異外（$p<0.05$），對其他 11 項技能的評價都不存在顯著差異（$p>0.05$）。在校生和用人單位都認為「商務英語會話與演講」很重要，用人單位更是把這項技能視為最基本的工作技能。「商務英語閱讀」是用人單位較重視而在校生不太重視的商務技能。其他 4 項評價差異較大的技能基本上都是用人單位認為重要性稍差，而在校生認為比較重要的技能。

　　用人單位對「商務英語寫作」和「商務英語口筆譯」都很重視，說明他們十分看重商務英語專業人才的語言功底。在校生和用人單位評價都比較重要（均值小於 2）的商務能力中除了商務英語基本技能外，還包括「執行力」「時間管理能力」「心理承受能力」「應變能力」「適應環境能力」和「團隊協作能力」。這些都是商務英語從業人員做好工作必備的基本技能。

## （四）商務英語相關證書評價

表 3.3 列出了在校生和用人單位對商務英語相關證書重要性的評價。證書的重要性仍是按照用人單位的評價順序從高到低排列。

表 3.3　　　　　　　　　　相關證書重要性評價

| 商務英語相關證書 | 重要性評價（在校生） | 重要性排序（企業） |
| --- | --- | --- |
| 專業英語 4 級 | 2.120 | 1.259 |
| 專業英語 8 級 | 1.899 | 1.873 |
| 計算機證書 | 2.703 | 2.041 |
| 口譯證書 | 2.482 | 2.321 |
| BEC（劍橋商務英語證書） | 2.513 | 2.540 |
| 托業證書 | 2.668 | 2.728 |
| 秘書證 | 3.169 | 2.762 |
| 報關員證 | 3.172 | 3.103 |
| 報驗員證 | 2.998 | 3.247 |
| 導遊證 | 3.012 | 3.301 |

從表 3.3 可見，對於排名前六位證書的評價均值都小於 3，說明在校生和用人單位都認為這些證書比較重要。雙方都認為英語基礎對於商務英語崗位最為重要，因此英語專業四級考試和八級考試證書均排在重要性的前兩位，這與表 3.2 中他們對英語語言功底重要性的評價是一致的。排在后四位的證書都是專業性較強的，雙方對其重要性的評價均值大於或接近 3，說明這些證書對於從事商務英語相關工作的重要性一般，不如排在前六的證書重要。

雙方對排在前六位證書的重要性評價亦存在差異。盡管他們都認為英語專業四級考試和八級考試證書十分重要，但是用人單位對專業四級考試證書的重視程度遠高於在校生。獨立樣本 t 檢驗顯示，雙方對專業四級考試證書重要性的評價存在顯著差異（t=6.363，p=0.000）

但對專業八級考試證書重要性的評價不存在顯著差異（t=0.222，p=0.825）。雙方對計算機證書的評價也存在較大差異，獨立樣本 t 檢驗顯示雙方的評價差異顯著（t=4.396，p=0.000），用人單位對計算機證書的重要性評價遠高於在校生。雙方對口譯證書、BEC 證書和托業證書的重要性評價都比較接近，獨立樣本 t 檢驗也顯示雙方對這 3 種證書重要性的評價都不存在顯著差異（p>0.05）。總的來說，證書的作用是檢驗學生的水平而且是作為學生找工作的籌碼。用人單位擁有崗位聘用的決定權，因此他們對各類證書的評價具有重要的參考價值。

（五）商務英語實踐教學評價

表 3.4 顯示，在校生和用人單位對商務實踐課程重要性的評價均值大都在 2 左右。獨立樣本 t 檢驗顯示，雙方對表中 9 門商務實踐課程的評價都不存在顯著差異（p>0.05），說明他們對商務實踐都很重視。這與在校生問卷中的開放性問題，「畢業工作時最缺乏的能力」的調查結果基本一致，有 170 人（占 78%）認為自己畢業後最急需提高的能力就是商務實踐能力。對用人單位的調查也顯示了趨同的結果，有 28 家（占 59.6%）認為商務英語畢業生上崗後最需要提高商務實踐能力。

表 3.4　　　　　　　　　　實踐教學重要性評價

| 實踐教學內容 | 重要性評價（在校生） | 重要性排序（企業） |
|---|---|---|
| 國際商務模擬訓練 | 1.813 | 1.766 |
| 口譯模擬 | 1.782 | 1.915 |
| 商務英語應用能力自主訓練 | 2.157 | 1.957 |
| 商務談判技巧實訓 | 1.897 | 2.021 |
| 公關禮儀實訓 | 2.088 | 2.043 |
| 外事秘書實務實訓 | 2.215 | 2.064 |
| 外經貿案例分析 | 1.996 | 2.085 |
| 海關與商檢實訓 | 2.225 | 2.106 |
| 商界成功人士專題講座 | 2.202 | 2.234 |

### 三、對商務英語專業人才培養模式的啟示

調查結果表明，在校生和用人單位對商務英語專業人才培養工作的看法在諸多方面存在不少差異，這要求我們對現有商務英語專業人才需求與培養模式之間的關係進行再思考，從多方面探索改善人才培養模式以切實滿足社會對商務英語人才的需求。

（一）加強學生職業生涯規劃教育

本調查顯示，社會對商務英語專業本科畢業生的需求量比較大，主要提供的崗位是商務英語筆譯、口譯和外貿業務員，而在校生畢業後大多想做管理人員，這與用人單位對商務英語專業人才的崗位需求不盡一致。這種差異表明，商務英語專業學生對個人工作需求與社會需求認識不清，部分脫節。畢業生的實際能力與用人單位的期望還有較大差距，差距的出現也最終導致雇傭與被雇傭方不能達成協作關係。另外，學校應該引導學生準確、客觀地定位畢業後的工作崗位，完善職業生涯規劃指導以便他們畢業時更順利地找到工作，提高畢業生一次性選擇就業崗位成功率。

（二）重視商務（英語）技能訓練

從用人單位對商務英語專業人才的崗位需求不難看出，他們對商務英語人才的英語語言能力和翻譯技能有較高要求，同時在校生對商務技能重要性的判斷也表明他們非常看重語言基本功，這使我們進一步認識到商務英語專業人才培養應該重視英語基本功，尤其是翻譯技能。用人單位很看重英語專業四、八級證書和中高級口譯證書的事實也說明了英語技能的重要性。其他技能，如報關技能、報檢技能等很容易獲得的技能不必納入學生的必修課程。

調查結果同時表明，用人單位也非常重視一個好員工應該具備的個人素質，如「執行力」「時間管理能力」「心理承受能力」「團隊協作能力」。這些能力並不是僅靠課堂教學就能夠提高的，可以通過設計第二課堂有意識地進行培養。

（三）加強普通用途商務英語教學

在校生和用人單位對不同商務知識重要性的評價差異較大，在校生傾向於認為所有商務知識都比較重要。當然，對學生來說，由於未來職業的不確定性，持有這種認識十分正常。Dudley-Evans 和 St John（1998）將商務英語分為普通用途商務英語（English for General BusinessPurposes EGBP）和專門用途商務英語（English for Specific Business Purposes ESBP）。前者是指以英語為載體、範圍廣泛的商務領域基礎知識和基本技能，后者強調語言與具體商務知識（如投資學、金融知識、項目管理等）的結合，重在培養學生在特定商務環境中的英語運用能力與溝通能力，具有較強的針對性和應用性。總的來說，為了在有限的教學時間內培養出符合社會需求的商務英語人才，商務英語教學要適當加強專業基礎教學，選擇性開設專業性強的高端商務知識課，也就是說要加強普通用途商務英語教學。

（四）強化教師商務實踐能力

本調查結果表明，學生喜歡具有豐富商務工作經驗和英語專業背景的「雙師型」教師。因此，商務英語教師應從商務專業能力和英語語言技能兩方面不斷提高自己的水平，努力向「雙師型」教師目標靠攏。只有當教師具備了「雙師型」素質，才能擺脫過去教學中語言與商務脫節的困局，把語言學習溶入到商務知識與技能的學習中。只有當教師自身具備了商務實踐能力，才能幫助學生獲得實踐能力。

（五）選擇時效性強、案例豐富的教材

教材是教師教學和學生學習的重要載體。雖然目前使用的商務英語教材大都是英漢雙語或英文原版教材，但從學生對教材的滿意度來看，現有教材還存在不少問題。教材的主要問題表現為理論太多，實踐太少，實用性稍差，內容

陳舊跟不上時代，這與吳亞等（2004）對重慶大學在校生對商務英語教材所持看法的調查結果基本一致。因此，在商務英語教材的使用上，需要更加注重真實性和時代性，選取商務案例豐富的教材。

（六）採用案例教學法，增加實踐教學

商務案例教學法是情景教學法的一種，以真實的商務環境為語言背景，讓學生通過解決現實商務生活中的問題來掌握商務技能（陳東純，2013）。本調查結果顯示，案例分析是學生最喜歡的教學方式，學生喜歡並希望通過商務實例來學習和消化商務知識。吳亞等（2004）在研究中也發現，21.9%的重慶大學在校生喜歡這種教學方式。「實戰經驗」是職場中的制勝法寶，而在校生商務實踐機會很少，因此他們比較重視商務實踐類課程。在商務實踐課程中，商務英語教師可以創設真實商務場景，使實踐教學過程仿真化，進而使實踐效果最大化。

### 四、結語

本研究比較分析了商務英語專業在校生和用人單位對商務英語教育方面的相關需求和雙方對目前商務英語專業人才培養模式重要環節的看法，研究結果對調整和優化現有商務英語人才培養模式具有重要參考價值。研究也對商務英語人才培養模式提出了具體建議，如引導商務英語專業學生合理調整對未來工作崗位的需求，重視商務（英語）技能訓練，加強普通用途商務英語教學，打造「雙師型」教師隊伍等。期望本調查研究的結果和建議有助於提高商務英語教學質量，推動商務英語學科的健康、持續發展。


## 報告二
## 河北省商務英語專業學生學習需求調查報告
河北經貿大學高校商務英語教學改革課題小組

為了了解我省商務英語專業的學生在校期間對本專業學習的了解與需求情況，以及他們對本專業的學習態度、學習目的及將來的就業傾向，河北經貿大學高校商務英語教學改革課題小組於2013年9月2日至9月30日間對石家莊市73名商務英語專業2012級學生進行了學習需求調查。該調查採用問卷的形式，以期在數據分析的基礎上發現學生對商務英語教學的具體需求、意見和建議，以便於在教學計劃實施過程中作出必要的目標調整，教學計劃調整、課程設置調整，也期望能夠引導學生正確認識社會需求，能對學校的商務英語人才培養方案具有正確的認識，並能給予積極的建議，和學校共同改善商務英語教

學模式。

一、調查

（一）調查方法

（1）細讀各個院校的現行培養方案，進行文獻研究並設計相關問卷。

（2）學生填寫本課題組自己設計的調查問卷，問卷為不記名形式。

（3）以面對面交談的方式進行，有一對一的個別訪談，也有多名學生參加的座談會式訪談。

（二）調查對象。被調查對象為石家莊市設有商務英語專業的本科院校2012級和2011級商務英語專業73名學生。

（三）調查問題。問卷調查中共設計了17個題目，每個題目中有4到6個選項，要求學生只能選一項，問卷內容主要包括以下5個方面：①專業學習目標；②英語聽、說、讀、寫、譯五項語言技能；③對商務英語教師素質的要求；④商務專業知識；⑤就業崗位；⑥職業資格證書。

二、數據與分析

表3.5顯示，從學習目標來看，98%的學生對自己的學習是比較明確的，其中又有75%的人表示他們選擇商務英語專業是為了獲得一份比較滿意的工作，23%的人是為了能夠進一步深造，學習相關專業的研究生課程。

表3.5　　　　在校生對商務英語專業各項能力需求

| 學習目標 | 語言技能 | 商務專業知識學習手段 | 對教師素質的要求 | 實踐教學 | 課堂教學方法 | 資格證書 | 就業崗位 |
|---|---|---|---|---|---|---|---|
| 非常明確（45%） | 聽說能力（56%） | 全英文教學（6%） | 實踐經驗（75%） | 二年級進行（15%） | 案例教學（50%） | 專業四級加BEC（58%） | 非常明確（40%） |
| 明確（53%） | 翻譯能力（35%） | 雙語（85%） | 雙語教學能力（55%） | 三年級進行（35%） | 任務教學（30%） | 專業八級加BEC證書（30%） | 明確（30%） |
| 不明確（2%） | 讀寫能力（9%） | 中文講授（9%） | 教學經驗（5%） | 四年級進行（50%） | 討論（20%） | 專業八級、BEC，相關商務英語技能證書（12%） | 不明確（20%） |

從語言技能學習來看，56%的受訪學生認為自己聽說能力差，需要繼續提高。35%的學生認為翻譯能力在將來的工作中很重要，需要首先加強訓練。只有9%的學生認為讀寫能力在將來的工作中是比較重要的，需要加強訓練。

從商務專業知識角度來看，100%的在校生認為非常重要，但是在商務知識傳授的手段方面表現出不同的看法。6%的學生主張全英文教學，因為這可

以使學生把英語語言和商務知識很好的有機結合。85%的學生認為應該採取雙語教學方法講授商務專業知識。因為專業知識畢竟專業性太強，如果一味強調英語教學，可能會影響專業知識的掌握，造成知識漏洞。而8%的同學認為可以採用全中文的方式講授，因為英語程度較差，雙語教學也會影響專業內容的學習。

對於商務英語教師的要求。在校生對於教師的從教經驗並無特殊的要求，但對於教師的語言運用和商務從業經驗是非常期待的。75%的受訪對象希望自己的老師具有商務活動的從業經驗。55%的學生希望教師使用雙語進行商務知識的講授。

關於商務實踐教學。接受採訪的73名學生有60名為大三學生，他們都還沒有參加過真正的商務實踐活動。另外13名為大四學生，其中3人表示曾經參加過企業商務會展的翻譯活動。另外10名受訪學生表示不了解國際商務活動的實際情況，對未來的職場沒有概念。15%的受訪學生認為應該從二年級開始進行實踐教學。35%的學生認為應該從三年級開始進行實踐教學。高達50%的受訪者認為實踐教學在大學最后一年就可以了。

關於課堂教學方法，50%的學生認為應該以案例教學方法為主，因為，通過案例分析我們可以學到理論知識所涉及不到的東西。而30%的受訪學生認為任務教學法是有效的實踐教學手段，通過任務的完成，學生可以提高實踐能力。12%的同學認為應該多多通過小組討論來完成時間教學。

關於各類證書的考試，12%的認為多多益善，因為實際工作中會遇到各種需要和情況，證書越多證明自己的能力越強，可以在職場立於不敗之地。30%的受訪學生認為應該主要考取英語專業8級證書和BEC高級證書，因為這兩個證書最能說明自己的語言和商務能力。企業應該看重的是這兩點。58%的學生認為英語專業4級證書和商務英語中級證書足以證明自己的語言和商務能力，而企業非常看重學生的商務實踐能力，所以學生應該多放些精力在商務實踐課程的學習上，這樣可以多增加自己的實踐能力。

對於將來的就業崗位，70%的受訪學生表示很明確，其中大部分，約80%的學生表示希望從事國際商務管理工作，而只有20%的學生願意從事具體國際貿易活動。受訪者中20%的人表示就業目標不明確，不知道什麼樣的工作適合自己，也不確定自己喜歡做什麼樣的工作。

### 三、對商務英語教學改革的啟示

（一）將商務英語基本技能培養貫穿始終

目前，在河北全省範圍內，各高校的商務英語專業學生前兩年的學習主要為通用英語的學習。學習內容主要為聽、說、讀、寫基本技能訓練。這種做法

會將英語能力和商務知識與技能割裂開來。商務英語教學應該將各項語言基本技能培養融入到商務環境中去。在一年級打好基礎，二年級引入商務環境下的訓練。在三四年級仍然不能放鬆訓練，可以開設商務英語視聽說、高級商務口語等課程，聘請有商務背景的外籍人士講授。採用情景教學法讓學生模擬客服接待、會見外商、貿易談判、爭端解決等場景，不間斷地進行語言輸入，為學生提供開口說英語的機會，以彌補學生口語較弱的不足。在寫作與翻譯課上，教師應將重心放在商業單證、票據、政策法規、合同文本等實用語言的寫作與翻譯訓練上，通過大量模擬訓練，使學生獲得以英語為工作語言的商務實踐操作能力。

（二）提高教師自身素質

成為英語語言和商務專業技能均過硬的合格教師是多數商務英語教師面臨的迫切任務。當今社會對商務英語人才的需求呈現多元化的趨勢，教師要了解用人市場行情，不斷更新自身知識結構，追蹤畢業生反饋情況，及時對商務知識課程進行調整，減少對空泛概念的講解，利用有限的課堂時間傳輸最實用的商務知識。例如互聯網和物聯網時代的到來，勢必要對以往的貿易模式帶來一定的衝擊。教師應保持對外部世界的敏感度，引用最新案例對物聯網經濟時代的貿易規則、糾紛處理、電子口岸等進行講解。教師無法保證教授給學生在工作崗位上所需的全部知識，所以教師還應該通過自身對新生事物孜孜以求的精神來影響學生，培養他們終生學習的能力，確保他們良好的未來發展。

（三）全方位提高學生實踐能力

河北省各高校商務英語專業實踐課程普遍開設較晚，除了軍訓與畢業實習，其餘的實踐安排都以純英語技能提高、參觀涉外企業等活動為主，很少有操作實際業務的實踐活動。而畢業前的社會實踐活動對教學全過程只起到檢驗結果的作用，而無法對結果進行修正、補充。這種實踐模式也無法滿足市場對畢業生實踐能力的要求。由於實踐經歷滯后，商務英語專業學生臨近畢業發現自己專業知識或技能欠缺時已沒有機會重新回到課堂去彌補，而在校期間他們對學習相關專業知識和技能課程的感知需求意識又不明確，致使他們無法有效、全面地提高專業知識和技能水平。因此，傳統的課程模式下學生所學習的課程模塊並不符合《高等學校商務英語專業本科教學要求（試行）》的要求，需要大力加強實踐課程模塊的建設。

（四）豐富教學手段，提高學生學習興趣

課堂教學方式要轉變為以學生為中心的教學方式，採用交際法、任務法、合作法等教學方法將課堂氣氛帶動起來，開展分組報告、課堂遊戲、英語辯論、演講競賽、聘請專家講座等方式盡量調動學生們的積極性，給每一位同學

展示的機會，目的是培養學生語言表達能力、思辨能力、溝通能力、領導能力和協作精神。教師不要當旁觀者，要充當策劃者、監督者，在每一次活動中表揚先進、鼓勵后進、帶動中間，本著及時點評、個別談話的原則實現有效的「師生互動」，掌握學生思想動向，及時糾正不良情緒，塑造學生完善人格。

（五）建立穩定的實習基地

各院校應該在資金的使用上向商務英語專業傾斜，建立多個語言實訓室、仿真商務環境，比如銀行、海關、商檢等環境的模擬，讓學生未出校門就能對將來的工作場景和辦事規範了然於胸，縮短職場適應期。還可以通過建立長期穩定的校外實習基地的方式，比如與各種外資百貨連鎖商店、星級酒店、貿易洽談會組織方、貿易公司簽訂合約，利用業余時間和寒暑假將學生分批安置，使每位學生都能接觸真實的涉外商務場景，以此來彌補學生缺乏實踐工作經驗的不足。在這個過程中，學生也會切實感受真實的職場氛圍，了解自己的興趣與特長所在，使自己的未來目標更加明確。

**四、結語**

本研究分析了商務英語專業在校生對於本專業的學習需求和對就業前景的認識。研究結果顯示學生對本專業的學習停留在自己的感性認識上。缺乏實踐活動對他們的學習動力、學習方向、學習內容都有影響。該調查的重要意義在於揭示了商務英語學生有在校期間盡早參加商務實踐活動的需求。盡早實習的意義是將學生對課程的延后需求轉變為即時需求，使他們更能感知社會需求，明確學習目標，主動選擇各類商務英語課程，實現課程設置與社會需求的良性循環和互動。對調整和優化現有商務英語人才培養模式具有重要參考價值。

# 第 4 章　商務英語人才培養的目標定位

## 4.1　人才培養目標定位的概念內涵

　　某個專業的人才培養定位是其所在高校人才培養定位的反應。一般意義上來講，高校定位反應了一所高校培養什麼樣的人才，怎樣培養人才，人才的就業去向以及學校在教育系統中、在國家或地區競技社會發展中所處的位置。目前高等教育界關於高校定位的定義有多種不同的版本。劉獻君（2003）認為高等學校定位是指高等學校在辦學過程中如何確定自己的身份和地位。周紹森、儲節旺（2004）認為高等學校定位是指高等學校向社會提供勞務的品種、數量和質量，並對高校在未來經濟社會發展中的戰略地位和發展方向做出戰略選擇。張耀萍與袁建輝（2005）認為高等學校定位是指學校根據時代、社會與高等教育發展的要求，在自身條件和水平的基礎上制定該校中長時期的發展目標。按照里斯與特勞特定位理論的觀點，高等學校定位的定義可以表述為高等學校如何實施差異化、突顯核心優勢、創造第一、做到與眾不同、實現類的獨特性，在社會公眾心目中占據一個獨特的有利的高校位置（劉一彬，2009）。事實上，高校人才培養目標定位的理論也是適用於任何一個專業的人才培養定位的。

## 4.2　商務英語專業人才培養目標定位的重要性

　　中國高等教育現已進入大眾化階段，成為全世界大學生在校人數最多的高等教育大國。高等教育市場化的概念也正在深入人心，大學必須要在競爭中把握生存和發展的主動權，並在發展中形成自身的特色和優勢，這是高等院校的

生存之本。盡管目前就業市場對商務英語人才呈現出旺盛的需求，但是對於任何一個特定的辦學主體來說，如果人才培養目標定位不夠恰當、缺乏特色，不僅影響人才培養效果和畢業生就業，還會影響專業的長遠發展。對於商務英語專業的人才培養而言，明確人才培養目標定位是保證畢業生在就業市場的擁有競爭力的基本要求，也是學科建設的必要條件，其積極意義體現在以下幾個方面：

### 4.2.1 發掘自身優勢，增強專業競爭力

高等教育市場化的進程使得人才培養必須與市場需求緊密結合。如果地方院校與重點院校在人才培養目標上沒有差異，各個院校都追求同一個標準，那麼實力偏弱的院校必然會在市場競爭中敗下陣來。在高等教育市場中通過不斷地細分市場，每個高校會找到自己區別於其他院校的定位，同時也應該找到自己的特色。特色就是優勢。只有憑藉特色優勢才能在激烈的市場競爭中獲得較好的發展。卡內維爾認為，新型的消費者型的學習者需要高質量的教育，便捷及時的反饋、個性化的產品和服務，這些營造了高等學校的新環境[1]。而用人單位對人才的需求構成了另一種消費者群體。

面對雙重的需求，雙重的競爭環境，商務英語專業辦學主體必須防止模仿跟風的辦學方法，要積極發掘自己的優勢，也就是自己院校所擁有的各種特色元素，努力培養，傾力打造，最終變成人才在市場中的競爭優勢，在市場中找到自己的份額。有的院校所在城市是沿海發達經濟區，擁有眾多的涉外企業，本身與涉外企業有著一定的協作關係。學校就可以利用這些資源打造自己人才突出的實踐能力。實踐能力就成了該校的特色優勢。有的院校在管理類學科上有著突出的教學和科研成就，完全可以憑藉自己的專業優勢打造國際商務管理能力突出的商務人才。在自己突出優勢的基礎上，辦學主體在人才培養、科學研究、社會服務、專業設置、服務面向、生源、師資要求、校園文化建設等方面可以做出相應的規劃設計和各種制度要求，從而強化自身的整體競爭力。

### 4.2.2 為改革辦學模式確定方向

總的來看，許多院校的商務英語專業辦學效果並不理想，培養出的人才在社會上認可度低，其根本原因是人才培養工作受制於傳統的辦學模式。中國高

---

[1] 牛奔. 高校辦學定位的目標選擇研究 [D]. 成都：西南交通大學，2009.

校傳統的人才培養模式源於前蘇聯的高等教育體系，學科專業設置強調專而精，培養規格整齊劃一，猶如工業流水線。這樣的培養模式滿足了建國後社會主義建設初期對各類專業技術人才的需求，為當時的經濟建設、社會發展做出了貢獻，在中國建設和發展的前期發揮了較好的作用。但隨著改革開放和社會主義市場經濟的建立，中國的發展現狀要求高等教育培養出個性鮮明、知識基礎寬厚、視野開闊、具有自主學習能力和社會適應能力的多樣化、複合型人才，尤其是在中國提出了建設創新型國家的目標，要求高校更加重視學生創新精神和實踐能力培養的背景之下，人才培養工作面臨巨大的壓力。

在這樣的時代背景下，中國許多高校仍在沿襲傳統的專業化培養模式。在實際教學工作中，多數院校仍然沒有擺脫英語語言文學教學的舊模式，可謂「穿新鞋，走老路」。只有理清培養類型，確定了人才培養目標，才能夠使全體教育工作者更新理念、更加重視學生的個性發展，通過個性化人才培養模式的構建，從根本上突破中國當前本科人才培養模式僵硬劃一的困局，優化人才成長的制度機制和文化環境，通過在培養理念、專業設置、課程體系、教學制度、教學管理以及隱性課程等方面開展積極和富有成效的探索，促進學生的全面、協調和可持續發展，展現本專業的人才培養優勢。

就目前中國高校辦學狀況而言，與人才培養目標種類劃分相適應的本科教育模式可以形成至少三種設計思路，一是以提高綜合素質為目標的通識教育模式，重視學生的心智訓練和綜合能力，強調培養各行業的領軍人才；二是以形成專業素養為目標的專業教育模式；三是以適應就業為目標的應用本科教育模式（王曉輝，2014）。隨著時代的發展和社會的進步，各行業對人才的需求標準越來越高，許多行業都提出需要既具備較高專業素養又要有深厚人文素養和應用能力的人才標準，目前，國際商務相關行業對商務英語人才的需求就呈現出這樣高度綜合性的特徵。因此，商務英語專業在建構人才培養模式時，應該考慮這種高度綜合性的人才目標需求，把上述三種人才培養模式加以融合，建構獨具特色的人才培養模式，也就是要綜合通識教育、專業教育和應用型教育各模式的特點進行綜合設計。

對於這個存在時間僅僅只有不到十年的專業來說，設計出適合其人才培養目標的人才培養模式成了當務之急。可以確定的是，為了實現新時代的教學目標，主要任務就是與傳統學術形態決裂，更好地適應環境。

人才培養目標決定培養模式。確定人才培養目標定位有利於高校處理好人才培養模式制定中的九對關係，有利於設計出科學合理的人才培養模式。這九對關係分別是：

（1）人才培養和市場需求的關係。商務英語應用性本科教育的著眼點是

開放的區域經濟與社會發展的需要。國際化是區域經濟發展的一個重要內容。所以國際商務人才要做到「立足地市、為地方服務為主」。專業設置和培養目標的制定要依據詳細的市場調查和論證，既要有針對性，使培養的人才符合需要，也要具有一定的前瞻性和持續性，避免隨著市場變化頻繁調整培養計劃。

（2）學科與應用的關係。「學科」與「應用」是本科教育專業和課程體系建設的兩個要素。在應用性教育為主的專業建設中，要以應用為導向。以應用為導向就是以社會經濟發展為導向，以市場需求為導向，以就業需要為導向。學科建設以科學研究為主要內容，是專業建設的重要基礎，起支撐作用，專業要依托學科進行建設。商務英語學科是新興的交叉學科，它的人才培養更需要學科建設為其提供理論支撐。這種現實決定了商務英語學科的建設應該以應用研究為基礎，為商務英語專業應用型人才培養探索適合的教學模式。

（3）分析與綜合的關係。學術性教育強調學科教育，學科教育的特點是重視分析。學科作為科學的分類可以不斷細分，形成不同等級的學科，分析性課程和教學是學術性教育的重要內容，也是科學研究和工程設計所需要的基本能力。但完成一項實際工作任務，不僅需要一定的分析能力，可能更需要相應的知識、技能、組織、協調等各方面的綜合性應用能力，因此應用性教育在強調分析性教學的同時，往往更強調綜合性教學。確定商務英語人才培養的目標有利於商務英語綜合性課程的設置和教學體系設置工作。

（4）傳授與學習的關係。本科教學的重要內容是知識傳授，傳統的講授法是最便捷的知識傳授方式，目前依然占據重要地位，但是在商務英語人才培養過程中，知識與實踐的統一才算是完整的知識。在知識的傳授中要強調採用「啟發式」的教學法，引導學生思考問題、主動學習。同時商務英語本科教育主要強調對實際工作的適應性和創造性，強調在實際工作平臺上的經驗、技能、技術和知識的協調統一性，培養重點在於應用能力和建構能力的提升。能力的培養在於學生主動學習，不能靠被動地接受。因此構建商務英語人才培模式時要考慮制定有利於培養學生主動學習精神的方案。

（5）基礎課程與專業課程的關係。商務英語專業與傳統的英語語言文學專業課程的內部邏輯結構有巨大差別，所以他們的學科基礎應該有所差別。許多院校在商務英語專業基礎課的設置上仍然採用英語語言文學類的基礎課，旨在奠定學生堅實的語言基礎。但是複合型人才培養的目標使得商務英語本科教育必須建構一組新的公共基礎課程。在這組公共基礎課程中有些課程應與專業課程相銜接，表現出明顯的為專業課程服務的性質。而專業課程與基礎課程的比例也應有所調整，專業課程應占有更大的比例。

（6）理論教學與實踐教學的關係。理論來自實踐，又為實踐服務。商務

活動的實踐性決定了我們的教學應著眼於培養學生的實踐能力。商務英語本科教育應把實踐教學課程列入專業核心課程，在實踐教學中促進學生應用能力的提高和理論學習的深化。一般來說在應用性教育的教學進程中應安排比較集中的實踐教學課時和綜合性的實踐教學課程。理論教學應與實踐教學相銜接，其內容的更新一定要與行業實踐的更新、方法的改進同步進行。

（7）實驗與訓練的關係。實踐教學是一個上位概念，包括實驗、試驗、實習、訓練、課程設計、畢業設計等多個具體的教學環節，每個環節培養的目的不同，如實驗目的側重於驗證、加強理論知識的掌握和培養學生的研究能力、設計能力。訓練則是一種規範的掌握技術的實踐教學環節。實驗能夠強化學生對知識的掌握、對問題的分析能力，訓練能夠增強商務實務操作能力。商務英語本科教育的實踐教學應該既重視實驗又重視訓練，綜合提高學生的實踐能力。

（8）專業教育與通識教育的關係。專業教育更多考慮生產服務一線的實際要求，突出應用能力的培養。但隨著國際商務環境的複雜化和全球整體從業人員的素質提高，我們更需要具有深厚人文基礎的人才應對日益複雜的商務環境。我們需要對傳統的專業教育進行改革。在教育教學過程中，不僅要注重培養學生的專業能力，更要注重培養學生的職業道德、關鍵能力、綜合素質和人格品質，使學生成長為高素質人才。

（9）學校與企業的關係。應用型人才的培養給學校增加了一項重要的任務，那就是為實踐教學提供平臺。商務英語本科院校要緊密依托涉外商務企業，取得當地政府支持，建立高校和產業界互利互惠的合作機制，建立校外人才培養基地和實習基地，形成產學研結合的教育形式。

### 4.2.3 為學科建設找到價值參照

商務英語學科的發展實踐是其主體獲得學科身份的重要基礎，但是其中日益顯現出來的諸多問題和矛盾也是商務英語學科主體陷入身份困境的主要原因，比如，學科定位一直存在問題：學科交叉發展的內在要求和以英語學科為導向的資源分配制度、以英語能力為核心的評價與交流機制以及以語言文學為中心的項目評審機制均存在沖突；與商務英語跨學科發展相關的學術團體和學術交流十分稀少；本學科對複合型人才的培養以及對交叉領域問題的研究深度與社會需求存在較大差距。這些客觀現實使得學科主體——商務英語專業的教學人員與學生，對其學科身份感到困惑不清，在自我認知與社會認知兩個方面都存在問題。這既不利於主體在正常的學術生活中獲得必要資源，也不利於其

從學科身份中獲得應有的情感激勵和行為支持。因此，學科建設必須找到自身的價值參照點。

很顯然，人才培養的恰當定位能夠為本學科的建設找到價值參考點。我們可以從以下人才培養定位的三個視角為學科建設提供參照。

（1）學科的交叉性優勢。學科的核心優勢是指學科主體在動態發展中培養起來的一種用以實現目標的根本能力。學科的核心優勢具有一種槓桿效應，能將當前與未來發展統一起來，能將各種優勢整合起來，而且還是主體多樣化發展的基石（胡建萍，2011）。商務英語專業的目標是培養同時具有跨文化能力和商務能力、具有國際視野的複合型人才，研究跨文化商務領域中的現象、問題和規律。可以說交叉性就是商務英語學科的核心優勢。這種交叉並非英語和某種商務知識的靜態交叉，而是處於不斷發展的動態之中。而只有在動態發展中將商科和英語學科進行深度交叉和融合，該學科才能夠在動態交叉中不斷吸收新的學科營養，它不但可以將當前和未來的發展統一起來，而且還可以充實商務英語學科內容，為今後實現多樣化發展創造基礎和條件。對於學科建設而言，人才的核心優勢就是該學科的核心優勢。學科建設將集中力量，以教學研究和科學研究為主要手段實現人才培養和學科建設雙重目標。

（2）學科特色優勢。人才的特色優勢就代表了學科優勢所在。特色優勢是主體在與競爭對手的對比中，既區別於又優於對手的能力，它既是可持續的，又不易被模仿。商務英語人才的特色主要在於它突出人文素質教育的英語語言教育與商務學科教育結合。商務英語學科可以把自己學科所特有的跨文化特色、語言特色、人文特色與商務特色結合作為自己的優勢繼續發揮作用。各高校可以結合自身優勢，在學科交叉的基礎上，找準一個具體領域作為核心優勢來進行長期培育。比如，對於英語語言理論具有高深研究理論水平和理論能力的院校，學科建設可以集中於商務語言的研究，打造自己在商務語言理論研究方面的權威的地位以及培養高端商務翻譯人才的優勢。具有跨文化研究基礎和能力的院校可以以跨文化領域為突破，在該領域進行較深入的研究。具有商務學科理論優勢的院校可以以商務能力為突破，進行跨學科研究，使自己院校在培養優秀國際商務管理人才和業務人員方面呈現獨有的特點。

（3）學科競爭優勢。競爭優勢是商業競爭領域用得最為普遍的概念，但是人們常常將其與特色優勢混淆使用。競爭優勢可以是一種能力，也可以是一種資源，它不易被模仿或複製，其主體因此在總體表現上比競爭對手更優更出色。對於商務英語學科而言，競爭優勢要來自於本學科培養出來的人才在就業市場的競爭力。人才的競爭優勢保證學科在教育領域擁有一席之地。為了保證人才的競爭優勢，學科會基於人才培養目標在教學工作和科研工作上加大力

度，促進有關學科建設的各項工作的進程，比如加強學術和教學梯隊的建設，深化學科理論的研究，營造濃厚的學術氛圍，使得商務英語學科具有更強的生命力。

## 4.3　商務英語專業人才培養目標定位

### 4.3.1　應用型人才

高校分類為人才培養定位提供了重要的參照。通過高校的分類來指導辦學定位，有利於規範、約束高校自身的管理行為，有利於提高高校在辦學過程中的自我監控能力和反思能力，並能及時糾正辦學實踐中的失誤，進而避免教育資源的配置針對性差、有效性低等問題的出現。商務英語專業的辦學主體首先應該確定自己所在高校屬於何種類型，承擔著什麼樣的職能，這樣才可以找準目標，集中優勢，充分發揮自己的職能。

高等學校的職能包括教育職能、科學研究職能和服務社會職能，不同高等學校以及不同學科專業承擔職能的側重面是有所不同的。大學必須有所側重地履行社會職能。大學分類辦學不僅是時代的必然要求，也是高等教育發展的內在需要。

根據高等學校職能與其培養的未來人才能力狀況可將大學分為創造型或創新型、研究型、研究應用型、應用研究型、應用型、職業型等 6 個類型層次。學校職能特徵與未來化人才能力特徵一致，這些分類既反應不同類型層次學校的職能特徵，又反應主要未來化人才的能力特徵（見表 4.1）[①]。所有大學構成一個金字塔，職業大學（學院）數量最多，位於基礎層，從該層開始往上，各層次大學數量依次遞減。創造（創新）型大學數量最少，位於金字塔的頂層。創造（創新）型大學是研究型大學的延伸和發展。創造（創新）型大學為創新型國家服務，這是高等教育發展與國家經濟建設發展相適應的需要，也是歷史賦予高等教育的重大使命。

目前，中國正處在經濟高速發展階段，越來越多的企業從勞動密集型轉向高科技型，要求在本科層次上培養出大批生產一線急需的、具有較強解決實際問題能力的應用性人才。同時，中小企業競爭激烈，質量和水平迅速提升，要求員工具有較強的職業競爭力。在這種形勢下，商務英語專業需要擺脫傳統本

---

[①] 陳書開，陳罡，倉莉. 高等學校分類體系架構的探討 [J]. 中國電力教育，2009（4）.

科教育注重學術教育的單一人才培養模式，加大應用性人才培養力度。

表 4.1 　　　　　　　　高等學校分類體系架構

| 學科類別 | 學校職能 | | 說明 |
|---|---|---|---|
| | 教育職能分化與未來化人才知識類型 | 學校職能特徵與未來化人才能力特徵 | |
| | 學術類 | 創造型（或創新型） | 創造型（或創新型）大學、研究型大學主要承擔高學歷教育 |
| | | 研究型 | |
| | 技術類 | 研究應用型 | 研究應用型大學、應用研究型大學、應用型大學（學院）和職業型大學（學院）主要承擔大眾化教育 |
| | | 應用研究型 | |
| | | 應用型 | |
| | | 職業型 | |

　　一些發達國家和地區早在上世紀六七十年代就陸續開始發展應用性高等教育，迄今已經建立起符合本國特點的應用性教育人才培養模式，這些人才培養模式既體現了應用性教育的本質特徵，又有各自獨立的特色。其共同點主要表現為：目標一致；面向市場需求，實施專業教育；重視實踐教學，校企合作緊密；以本科教育為主，形成包括研究生教育在內的應用性教育體系。

　　《高等學校商務英語專業本科教學要求》（試行）（以下稱《教學要求》）對商務英語本科專業的培養目標是「培養具有扎實的英語基本功、寬闊的國際化視野、合理的國際商務知識與技能，掌握經濟、管理和法學等相關學科的基本知識和理論，具備較高的人文素養和跨文化交際與溝通能力，能在國際環境中用英語從事商務、經貿、管理、金融、外事等工作的複合型英語人才」。

　　目前中國開設商務英語專業的本科院校為 64 所，除了對外經濟貿易大學以外，其餘均為地方性高校，而且多數院校歸類於應用研究型或應用型大學，加上各類職業大學，中國開設商務英語專業的大專院校共有 2000 多所。盡管對外經濟貿易大學是一所教育部直屬院校，但是該校並未把自己定位於研究型大學，而是把自己定位於研究教學型大學，因此其人才培養目標包括研究型和應用型兩類人才。各地方高校多為應用研究型或應用型，除了少數畢業生繼續深造，成為研究型人才外，主要人才類型為具有較高專業素養和就業能力的應用型人才。很顯然，各個院校的職能劃分和《教學要求》表明，「應用型」是商務英語專業人才的首要特徵，是人才培養工作的首要目標。

### 4.3.2　具有特色的複合型人才

#### 4.3.2.1　複合——英語專業的出路

複合型人才是指獲得了本專業以外第二（甚至第三，但極少）個專業的基本知識和基本技能，成為能適應跨專業、跨學科工作和研究的人才（潘柳燕，2006）。美國當代高等教育專家克拉克·克爾（2001）說過，當高等教育為社會服務時，它不僅要遵循自己內在的發展邏輯，還必須回應外部社會不斷變化的環境。商務英語專業的產生也是基於原有英語語言文學專業在社會發展過程中表現出的「不適應」而對英語人才培養目標作出調整的結果。對於中國社會經濟新發展對人才的需求，英語專業的「不適應」主要體現在五個方面：思想觀念的不適應；人才培養方式的不適應；課程設置和教學內容的不適應；學生知識結構、能力和素質的不適應；教學管理的不適應。這五個「不適應」的根本原因在於人才培養工作與社會需求的脫節。中國社科院發布的《2012年中國大學生就業報告》將英語專業列為「紅牌」專業。傳統的英語教育在面對社會新需求時必須對單一的語言文學人才培養方式作出調整。國家教育部《關於外語專業面向21世紀本科教育改革的若干意見》（以下稱《若干意見》）提出了複合型外語人才的培養建議，即外語與其他有關學科知識結合的外語人才的培養，並指出這種複合型外語專業人才是社會主義市場經濟對外語專業教學的要求，也是新時代的需求。這是第一次在有關外語教學的官方文件中提出複合型人才培養的觀點。外語專業複合型人才的培養意見是在總結了單一型高校外語專業教學近年來存在的問題基礎上提出來的。《若干意見》第一次清楚地闡述了21世紀外語專業人才的培養規格：扎實的基本功、寬廣的知識面、一定的專業知識、較強的能力、較好的素質。

英語語言與商務的結合不僅促進了新型人才的出現，而且對英語和商務兩種社會活動領域的未來發展都具有較大的促進作用。在未來產業結構升級中，英語對經濟實踐的貢獻將會更大，例如，語言認知與創新思維的關聯、商務語類語用研究與國際商務溝通、人文精神與創意產業、體驗經濟的關係等都將是語言推動經濟的具體體現，也能夠提高語言研究的現實應用價值。同時，國際商務活動屬於一種跨文化的語言交際活動，這恰恰也給外國語言的研究和教學提供了豐厚土壤。全球化和經濟轉型的交叉進程促成了中國越來越高的經濟外向度，這一客觀現實決定了中國目前及今后相當長一段時間內英語教學的「複合化」道路，尤其是與經濟貿易等學科的複合，這也是商務英語學科在中國逐漸興起的原因。

#### 4.3.2.2 特色——適應市場的選擇

當前，中國高等教育面臨前所未有的發展時機，但國際人才大競爭、全球經濟大開放、高新科技大發展、知識經濟大崛起、多元文化大匯合以及經濟體制大轉軌的環境也為現代大學的發展提出了嚴峻的挑戰。基於高等教育發展背景及當前中國大學辦學現狀的分析，形成辦學特色成為大學辦學的必然選擇。

複合是人才培養的趨勢，並不能構成人才的特色。所謂「特色」，是指「事物所表現的獨特的色彩、風格等」。「特色」的三層基本含義：一是「人無我有」，即獨特性或個性；二是「人有我優」，即杰出性或優質性；三是「人優我新」，即開拓性或創新性。Burton R. Clark（1992）在《高等教育系統》書中認為，「當普遍的不景氣發生時，沒有特色的院校除在經費預算中的固定位置外，對資源沒有特殊權利。作為一個可以與其他院校相互替代的院校，可能被負責削減預算的官員選作多余的單位進行大手術或破產拍賣。各種各樣的公共當局更可能試圖褒獎那些想辦出特色的院校，而不是安於常態的院校。」

特色專業是高校在一定辦學思想指導下並在長期辦學實踐中逐步創建的獨具特色、富有個性風貌的專業。具體地說，特色專業應當是指其專業辦學條件、建設水平、教學管理、教學改革成果和人才培養質量等在國內外達到一流水平或者在國內外具有影響和知名度的專業，具有人無我有，人有我優，人優我新等特徵。我們在確定複合型商務人才的目標時還需要注意的是學生的語言能力與哪些具體的商務知識和商務能力相結合，如何滿足社會的「複合」要求，英語語言課程需要與哪種商務類課程相結合，兩種學科各自的課程比例應該如何確定，商務類課程與語言類課程將以何種形式進行有機的融合等問題。我們還應該考慮由於目標過於分散而致使兩種能力都不能達到預期目標的可能。這些問題和擔憂的解決過程亦即專業特色的形成過程。

商務英語專業是語言與商務相結合所產生的專業，相對於英語專業來說，具有了一定的特色，可是，當今社會對人才的需求呈現出的綜合趨勢使得複合人才的培養成為潮流，英語+商務特色將很快成為一種基本要求，而不再突出。首先，英語語言與商務學科交叉並非英語學科所特有的下屬學科。經濟類學科和管理類學科都在複合式人才培養方面下工夫。他們都在強化本學科與英語語言的結合，在人才培養中也在制定相應的複合式戰略目標與培養策略。市場需要的是複合型人才，並不會計較人才畢業於哪個專業。真正起決定性作用的是人才的質量。其次，隨著商務英語學科的發展與壯大，開辦商務英語專業的院校越來越多。在商務英語學科內部，也會出現各學校人才間的互相競爭。如果沒有自己的特色優勢，商務英語本身那種「與生俱來」的特色優勢也會很快消磨殆盡。商務英語專業要想真正保持自己的特色就需要構建與其他競爭

對手生態位分離的標誌，這就是專業特色建設。

關於大學辦學特色的內容，許多學者從不同角度提出各自觀點。徐斯亮（2001）認為，根據辦學特色表現形式可將其內容分為兩大類：顯性內容與隱性內容。顯性內容是指那些以精神的物化產品和精神性行為為表現形式，通過視聽器官能感受到的直觀內容，主要包括學校的自然環境、學科環境、內部運行機制、規章制度以及學校徽標等內容。隱性內容主要包括學校的辦學理念、價值取向、道德規範、學術氛圍、學校精神等內容。根據辦學特色的可感知程度和抽象程度可以將其劃分為三個層次：完全的物化層、行為特徵層和理念層。物化層主要是指學校擁有的自然環境、建築物、教學科研設施、學科專業建設和實驗室建設、機構設置、學校徽標等方面表現出的特色和優勢，往往表述為先進或落後、新穎或陳舊、單一或豐富等等。行為特徵層是學校辦學特色的主體，內容最豐富，包括組織行為特徵和個體行為共性特徵。理念層主要包括學校的辦學理念、辦學思想、價值取向、學校精神等，這是辦學特色系統的核心、靈魂與原動力。

董澤芳（2002）認為，高校辦學特色反應為辦學思想的特色，包括辦學主張的特色、辦學理論的特色等；辦學主體的特色，包括校長的特色、教師的特色與學生的特色等；辦學模式的特色，包括目標模式特色、結構模式特色、功能模式特色、體制模式特色與運行機制特色等；辦學環境特色，包括外環境特色與內環境特色、硬環境與軟環境特色等。此外，還反應在教學的特色、科研的特色、服務的特色、管理的特色等許多方面。

紀秋穎、林健（2005）把生態位的原理引入高校辦學特色理論中，對專業特色進行了形象的表述。

大學或專業都可以視作一個生物組織體，符合生態位原理。這是因為一方面，作為社會中的文化主體，一個大學或一個專業由一定的物質和精神要素所組成；另一方面，大學或專業作為由活生生的若干人所組成的有機系統，它必有一定的生命軌跡，並表現出與自然界中的生物體相似的類生物性能。大學自身獨有的校風、學風、師資水平、學科專業、制度規範、教學與研究方式等自然基礎和所處的區域環境等社會基礎即構成了大學特有的「生態位」基礎。遵循生態位理論，生態位差異大的大學，彼此之間的競爭就小；反之，生態位越近似的大學，相互競爭就越大。並且在生態位高度重疊的大學之間，在高等教育社會資源有限的情況下，會面臨激烈的競爭，競爭力強的大學會打敗競爭力弱的大學，或者競爭力弱的大學通過尋求差異化的市場和資源梯度來避免殘酷的競爭。所以，對於那些由於爭奪有限資源導致生態位重疊的大學（如圖4.1所示），應該利用特有的「生態位」基礎找尋特有的「生態位」，尋求特

色發展，通過生態位分離來降低競爭強度，實現共存（如圖 4.2 所示）。

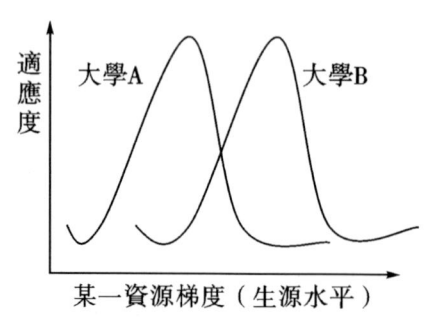

圖 4.1　生態位有重疊的兩所大學 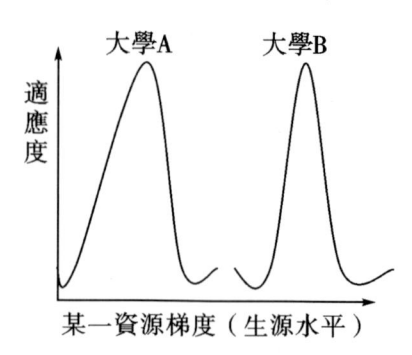　　　　圖 4.2　生態位分離的兩所大學

　　經濟和社會對商務英語專業人才的需求是多層次的，我們既要滿足經濟社會的一般需求，又要主動適應發展需要，為國際組織、政府部門和跨國公司和地方企業培養高素質人才。商務英語的內涵非常豐富，沒有一所院校的培養目標能夠涵蓋所有國際商務活動所涉及的職業需求。這種現狀也為各院校商務英語特色人才培養提供了絕佳的機會。開辦商務英語本科專業的院系負責人應該思考如何揚長避短，辦出特色，在為學生潛在的發展可能打下堅實專業基礎的同時，根據學校的辦學基礎、辦學能力、辦學傳統和長期形成的辦學經驗，逐漸形成各自的特色，構建競爭優勢。例如，對外經濟貿易大學以自己嚴格的英語語言訓練、經濟貿易學科的高層次理論和實踐教學塑造學生優秀的語言能力和商務實踐管理能力。其商務英語專業畢業生中一部分具有較強研究能力的成員會通過更高學位的研讀繼續從事相關領域的研究工作，其餘畢業生能夠勝任絕大多數高層次商務活動的翻譯、談判和企業管理工作。這樣的人才培養定位與競爭對手在生態位上形成了鮮明的分離。地方應用型院校的商務英語專業可以從自己的學科優勢出發，結合學生的優勢和地方經濟特點確定自己的「生態位」。例如，河北經貿大學依托本校強勢專業——會計專業，制定了語言學學士+管理學學士的雙學士培養目標，為畢業生拓寬就業門路，實現了人才培養「生態位」與其他院校商務英語專業生態位的分離。

　　值得一提的是廣州外語外貿大學依托自己深厚的語言教學實力和多年來的商務專業優勢，為商務英語專業設定了「國際通用型商務人才」的培養目標。全英教學手段是該專業人才特色的保障。學生的語言與商務形成了有機的結合。他們的特色體現在先進的國際通用原版教材、涵蓋英語主干課程和跨文化商務交際課程的全英教學和學院創造的大量的目標語浸泡環境。

　　劉汝婷（2013）基於對廣東外語外貿大學工商管理學院與商務英語學院培養目標、英語課程和商務課程設置、測試體系、師資結構、就業情況五個方

面的差異性研究得出結論：除測試體系之外，商務英語專業在培養目標、課程設置、師資力量和就業情況上都具備了獨特的競爭力。

學生在相關學科認知、跨文化意識與能力以及商務環境中運用英語的能力顯示出比其他院校高出許多的優勢，在就業市場有較強的競爭力。（見表 4.2、表 4.3）。2011、2012、2013 連續三年就業率為 100%，在就業去向和就業區域分布上也呈現出比較高端的趨勢。廣東外語外貿大學（以下簡稱「廣外」）在構建自己獨特的人才培養「生態位」基礎上體現了自己的特色。

表 4.2　　　　廣外 2011—2013 屆畢業生就業去向統計

| 年份 | 國家機關 | 國有企業 | 民營企業 | 三資企業 | 私營企業 | 高等院校 | 普教系統 | 其他 |
|---|---|---|---|---|---|---|---|---|
| 2011 | 8.63% | 22.04% | 38.98% | 16.29% | 3.82% | 2.56% | 0.32% | 7.35% |
| 2012 | 4.82% | 22.51% | 39.52% | 20.19% | 8.68% | 0.32% | 1.61% | 2.45% |
| 2013 | 4.10% | 33.12% | 21.45% | 16.72% | 21.45% | 0.32% | 2.22% | 0.62% |

資料來源：廣州外語外貿大學國際商務英語學院網頁

表 4.3　　　　廣外 2011—2013 屆畢業生就業區域分布

| 年份 | 廣州市 | 深圳市 | 珠三角其他城市 | 省外 |
|---|---|---|---|---|
| 2011 | 37% | 16% | 36% | 11% |
| 2012 | 36% | 17% | 37% | 10% |
| 2013 | 54% | 15% | 22% | 6% |

資料來源：廣州外語外貿大學國際商務英語學院網頁

### 4.3.3　國際化人才

#### 4.3.3.1　國際化人才的概念

智庫百科對國際化人才的描述是：具有國際化意識和胸懷以及國際一流的知識結構，視野和能力達到國際化水準，在全球化競爭中善於把握機遇和爭取主動的高層次人才，或者是指那些通曉專業國際慣例，能夠熟練使用外語，具有較強的不同文化適應能力，具備國際視野，通過接受一定程度的專業教育，獲得專門技能知識和資格的專業人才。

也有學者從高校的中心任務，即培養人才的角度來探討，把對國際化人才的理解分兩種：一是從理想主義的維度，即主要培養學生的全球相互依賴意識，增進國際理解；二是從實用主義的維度，即主要培養學生將來在國際環境

中工作所需要的一些知識和技能（顧明遠，薛理銀，1998）。而中科院院士、英國諾丁漢大學校長楊福家教授在 2001 年接受採訪時表示，高等教育國際化就是要培養融通東西文化的一流人才，在經濟全球化中更好地為各自國家的利益服務。

　　許多發達國家制定了鼓勵高等教育國際化發展的法律和政策，在人才培養目標方面增加國際化內容。美國、日本、歐洲等發達國家和地區較早提出「高等教育國際化」「國際化人才」的觀念，關注「國際視野」「國際合作」「國際問題研究」等領域並採取了一系列措施，在一定程度上推動了本國政治、經濟、文化等方面的全球化擴張。而中國邁入高等教育國際化的道路較晚，但也在加快高等教育國際化進程。表 4.4 是部分發達國家與中國制定的國際化人才培養目標對照表。

表 4.4　　部分發達國家地區與中國國際化人才培養目標對比

| 國家或地區 | 頒布機構或法令 | 具體內容及影響 |
| --- | --- | --- |
| 美國 | 1966 年：《國際教育法》 | 主張加強對世界各國政治、經濟、科學、文化、民族乃至風土人情的研究，大力培養通曉國際問題的各類專家。世界舞臺上出現了一些新角色；跨文化聯繫日益增強；美國需要繼續向別國學習。 |
| 美國 | 1992 年：「美國高等教育面臨的國際挑戰」專題研討會 | 「美國高等教育面臨的國際挑戰」專題研討會強調創辦「全球性大學」（Global University）作為適應變化著的國際環境的有效戰略和未來發展的基本目標。 |
| 日本 | 1984 年：臨時教育審議會 | 要求學生「懂技術、通外語、會經營管理，具有較強的國際意識，通曉國際貿易、金融、法律知識，能夠適應國外工作和生活環境。 |
| 韓國 | 「21 世紀委員會」 | 努力提高學生國際化意識，包括提高外國語言能力，增強自主的世界公民意識，加深學生對各國多種多樣的社會、文化知識的理解，制訂系統的國際問題研究計劃，加強對世界各國政治、經濟、社會、歷史、宗教等問題的研究，強化國際交流與合作，加強國際相互理解。 |

表4.4(續)

| 國家或地區 | 頒布機構或法令 | 具體內容及影響 |
|---|---|---|
| 歐洲 | 1993年：「歐洲維度」綠皮書 | 強調大學應該在形成歐洲「文化維度」(European Culture Dimension)方面扮演關鍵性的角色。宣言提出到2010年建立歐洲高等教育區(European Area of HigherEducation)。「歐洲高等教育區」為歐洲國家高等教育系統的發展設立了一個長遠的目標，該目標與歐盟發展的實際需要緊密結合，既宏偉又切合實際，因而成為歐洲各國高等教育國際化追求的共同目標和終極目標。 |
| 中國 | 1998年：《中華人民共和國高等教育法》 | 改革開放以後，中國高等教育開始真正向國際化道路邁進。《中華人民共和國高等教育法》明確提出：國家鼓勵和支持高等教育事的國際交流與合作。 |
| | 2009年：《高等學校商務英語專業本科教學要求》（試行） | 培養具有扎實的英語基本功、寬闊的國際化視野、合理的國際商務知識與技能，掌握經濟、管理和法學等相關學科的基本知識和理論，具備較高的人文素養和跨文化交際與溝通能力，能在國際環境中用英語從事商務、經貿、管理、金融、外事等工作的複合型英語人才。 |

表4.4表明，商務英語專業在全國範圍內教育國際化的步伐邁得最大、最為突出，其人才培養目標充分體現了中國高等教育人才培養國際化的目標，而且是中國首個提出國際化人才培養目標的專業。這說明商務英語專業在中國高校國際化方面已經占據領先地位。商務英語專業畢業生的國際化能力是一種不同於普通大學生能力的就業競爭力，它是在一般基礎上加以提煉和提升形成的獨有能力，是支撐學生過去、現在和將來的競爭優勢能力，突出表現在經濟全球化形勢下的就業優勢和可持續發展能力。由此可見，「國際化」是國際商務專業人才的就業核心競爭力的主要組成部分。

#### 4.3.3.2 商務英語專業人才國際化的重要性

當今世界知識經濟加速發展，世界經濟發展的動力已由物質資源轉為人力資本。人才數量的多少、質量的高低和結構的優劣決定國家競爭力的強弱。能夠促進國家國際競爭力提升的人才首先必須是國際化人才。

商務英語專業學生是將要參與中國對外貿易和各種涉外商務活動的未來人才。他們未來的工作內容、工作性質和工作環境決定了他們的國際化屬性。商

務英語人才國際化的重要性體現在 3 個層面：①決策層面。全球化進程和日新月異的科技進步使得國際商務環境越發複雜，越發需要高瞻遠矚的戰略眼光。知己知彼，百戰不殆。只有具備了國際視野和國際化思維，才能夠站在全球化的角度，以更全面、更前瞻的眼光看待問題和思考問題，制定出科學、合理的國際商務策略，實現商務目的。②操作層面。具體的業務操作離不開貿易規則。任何一個商務活動細節都需要遵守特定的貿易規則。作為 WTO 的成員國，中國對外貿易和其他國際商務活動必須要遵守其各項貿易規則。作為國際商務從業人員，精通貿易規則是最基本的要求，這能夠保證業務的順利進行，並且防止自己利益受到損害。當然，WTO 貿易規則不可能約束所有的商務活動，各國的文化傳統不同、習慣做法各異，有時甚至會有很大的衝突。如果不熟悉國外的商業習慣和特定國家的規則，不但達不到目的，有時甚至會給自己帶來巨大的經濟損失。在具體業務的操作過程中，每一個細節都體現著從業人員的國際商務操作能力和國際事務處理能力。③交際層面。國際商務活動本質上是一種跨文化活動。在跨文化交際中，人們往往傾向於借助母語規則、交際習慣、文化背景及思維方式來表達思想。這就是民族中心意識。民族中心意識不利於國際商務活動的順利開展。在對學生的專業教育中溶入跨文化交際能力培養可以幫助學生克服民族中心意識，跨越障礙，將跨文化交際中的問題減到最少。可以說人才國際化的一個重要內涵就是跨文化交際能力的形成。

#### 4.3.3.3 國際化商務英語人才的構成要素

結合理論研究和商務英語教學實際情況，國際化人才的培養主要包含三部分內容，即意識、知識和能力素質（見表 4.5）。

表 4.5　　　　　　　　國際化人才構成要素

| 國際化人才 | 意識 | 國際化視野 |
| --- | --- | --- |
| | | 國際化思維 |
| | 知識 | 專業知識、綜合知識 |
| | | 語言知識和運用 |
| | 能力和素質 | 實踐能力 |
| | | 跨文化交往能力 |
| | | 創新能力 |

國際化意識包括國際理解意識、相互依存意識、和平發展意識和國際正義意識。「國際人」必須保持廣闊的視野，加強對不同文化的理解，養成尊重不同文化的態度。國際化意識是指導人們正確處理跨文化交際活動的決定性

因素。

在國際化知識方面,商務英語專業的學生除了要掌握英語語言知識和國際商務知識以外,還需要了解更多國際方面的知識,比如國際時事與政治、本民族在國際社會中的地位與作用、世界發展歷史與趨勢、東西方文化對比知識、各國宗教知識,等等。此外,「國際人」還必須掌握一定的世界地理知識。所有這些知識均有助於從業者了解世界、走向世界,增進他們與世界各地貿易伙伴的溝通與了解。

國際化能力包括獨立思考能力、跨文化交際能力、參與競爭能力、信息處理能力、終身學習能力、創新能力、經受挫折能力,等等。要想在國際競爭中獲得勝利,國際化思維是前提,跨文化交際能力是基礎,創新是關鍵,也就是說未來的國際化商務人才需要以國際化思維作為行動指導,在跨文化商務交流活動中通過自己的學習能力、信息處理能力以及耐受挫折的能力,不斷創新經營方式,拓展經營領域,為行業的發展和進步作出貢獻,實現自身、企業和國家的多重發展目標。

### 4.3.4 創新型人才

對於什麼是創新型人才,社會各界都有自己不同的理解。在教育界,創新型人才是指具有創新、創造和創業方面的潛在能力的人才。在科學家的眼中,創新是科學發現、發明創造,創新型人才就是這些科學界的開拓者與發明家。而實業家看重的創新型人才則是具備創業能力與知識運用能力,能夠創立一個實業、帶動一個產業向前發展的人才,這種創新型人才往往能融知識、技術、管理於一體,具有敏銳的眼光、堅強的體魄和無限的創造力。由此看來,基於各行業自身發展的需要,往往不能在什麼是創新型人才的問題上達成共識,但人們對創新人才的性質認識是一致的,即創新型人才必須具備創新的意識、精神和品質,同時又必須具備創新實踐的潛質和能力。

中國傳統的教育思想是以知識的繼承為基礎、以知識的掌握為中心的教育思想。因此,在教學中強調學生對知識的記憶、模仿和重複的練習。這些傳統教育思想最大的缺點是注重知識的傳授,而忽視了對學生能力和素質的培養。因此,新的培養模式就要鼓勵學生獨立思考,培養他們的批判精神和能力,讓學生學會解決問題,而不是一味地重複標準答案。多年來,英語語言的工具性在英語教育中逐漸根深蒂固,其結果是教學過程過於注重語言知識和語言技能的訓練,致使英語專業學生的能力缺陷非常突出,那就是缺乏獨立思考能力,不宜產生獨到的見解。這樣培養出來的人才缺乏個性和靈活性,很難適應新形

勢下的社會需求。令人感到失望的是，商務英語專業設立以來，不少高校仍然採用英語專業傳統的教學思路，注重英語語言知識和商科專業知識的學習，而忽略了學生解決實際問題的能力訓練。商務活動最大的特點就是它的「複雜性」，在複雜多變的商務領域，從業人員的創新能力顯得尤為可貴，因為這種能力可以幫助他們應對各種不可預測的複雜問題。

　　創新體現在「新」字上。「新」意味著不同，就是與舊的、傳統的思維或方法的不同。在某種程度上，創新型人才培養就是強調人的個性發展，是一個人獨特性的表現和張揚。個性的充分發展是創造性思維的基礎，而獨特的個性則是創新型人才的特徵。所以我們的人才培養方案需要保證學生個性的充分發展。個性的發展和發揮當然需要有相對的環境和氛圍。在學制、課程設置、教學活動設計、教學評價體系設計中應該保證創造寬鬆的、自由的、最求真理的學習環境和學習氛圍。只有在有利於創新的制度下學生才能真正地發揮出自己的個性，才不會泯滅了創新意識、創新精神，才能充分挖掘自身的創新潛能。歸根結底，辦學主體在商務英語人才培養方案的制訂中一定要溶入創新能力的培養理念。

### 4.3.5　地方性人才

#### 4.3.5.1　人才培養國際化與區域化的關係

　　教育發展的外部規律告訴我們教育總會努力適應社會經濟發展的需要，與經濟發展趨勢保持一致。目前，世界經濟發展日益呈現出兩大趨勢，即全球化與區域化。經濟全球化與區域化既是空間的兩極，是整體與局部的關係，也是時間的兩端，是未來和現在的關係。經濟全球化以區域經濟為起點，待區域經濟實力壯大后再通過融合，並經由區域經濟集團化達到全球經濟一體化。

　　這種趨勢反應在高等教育領域中就是人才培養國際化與區域化同時並存的特徵。今天為地方經濟服務的人才將是未來參與國際經濟活動的國際化人才。人才培養的國際化是為了讓學生形成國際化視野，以便更好地參與到全球化進程中去。而人才培養的區域化是為了培養學生為本國、本地區經濟發展服務的能力。教育的國際化與區域化是遠景與現實的關係。商務英語人才是將要參與國際商務活動的人才，但是，離開了地方經濟的發展與繁榮，國際化商務活動就無從談起，國際化人才也將面臨無用武之地的尷尬處境。教育實踐證明，區域化是不可回避的話題，服務於地方經濟是商務英語人才的立足點。

　　目前，中國人才培養國際化與區域化呈現出既矛盾又統一的關係。經濟發展落後地區急需大量區域化人才以滿足區域經濟建設的需要，對於國際化人才

的需求似乎不太迫切，而且教育資源的不足也阻礙了國際化人才目標的實現。由於中國不同地區在自然條件、經濟基礎和文化傳統等方面存在極大的差異，各地區高等教育的數量、資金投入、規模與質量差異較為明顯。其表現為高等教育在東、中、西部的區域布局極不均衡；全國重點大學、重點學科、重點實驗室和研究基地大部分集中在東部發達地區；高等教育的投入差距也比較明顯；師資水平上也存在區域差異（見表4.6與表4.7）。在一些地區，人才培養的國際化與區域化似乎無法統一起來。

表4.6　　　　2014年全國商務英語專業本科院校分布

|  | 商務英語本科院校分布（所） | 所占比例 |
| --- | --- | --- |
| 東部 | 42 | 65.6% |
| 中部 | 12 | 18.7% |
| 西部 | 10 | 15.7% |

表4.7　　　　2007年中國中、東、西部教育資源分布情況

|  | 預算內事業性經費（生/元） | 預算內公用經費（生/元） | 高級教師比例 |
| --- | --- | --- | --- |
| 東部 | 6050.03 | 2843.75 | 40.17% |
| 中部 | 3503.01 | 1192.92 | 36.79% |
| 西部 | 3643.61 | 1438.58 | 35.72% |

資料來源：《中國教育年鑒2008》（國家統計局［EB/OL］. http://www.stats.gov.cn）

然而，不能否認的是國際化人才培養的需求可以給中國許多地方院校的商務英語教育發展帶來機遇與有利條件。我們可以通過越來越多的國際交流活動引進國際先進的辦學理念和管理經驗、吸引優質的資源和資金、聘用國外高水平大學的高級管理人才和高水平學者為我們帶來先進的辦學理念。通過派遣留學生和學者互訪、參與國際會議和學術交流以及合作辦學等等都可以提高所培養人才的國際視野。具有國際化視野的人才是幫助地方經濟實現飛躍的原動力。地方經濟的發展會進一步推動高校在培養人才方面的綜合能力。

參照國際人才培養標準能夠提升地方人才的素質。商務英語人才培養要立足地方經濟，在分析國家和社會對人才需求的同時，認真研究國際上同類學校的人才培養標準、發展現狀與趨勢，並按照高等教育發展規律與本區域特點確定合理的高校發展定位。只有這樣，才能全面提高辦學水平，提高人才培養質量，才能拓展與深化國際交流，並為區域經濟社會發展服務。

#### 4.3.5.2 商務英語專業人才培養與地方經濟發展的關係

從世界範圍來講,高等教育區域化是國際高等教育發展的一種趨勢。西方發達國家高等教育發展的歷程更能證明這一點。從英國1826年倫敦大學的創立到美國1861年頒布贈地法案創建起大批的贈地學院,再到20世紀美國社區學院的發展以及原聯邦德國採取的由地方承擔高等教育發展的主要職責等一系列措施,這些高等教育發展實踐表明,高等教育區域化道路在促進區域經濟發展和社會進步中起了相當積極的作用,而且區域化也是經濟和高等教育相互促進的極為有效的方式。

在中國,地方高校人才培養的任務主要是為地方經濟建設輸送人才。區域經濟是指在社會勞動地域分工的基礎上,隨著經濟發展而逐步形成的各具特色、聯繫緊密的區域經濟綜合體。區域產業結構是社會勞動分工的具體體現。區域產業結構決定著人才需求的類型和規格,即社會專業化分工產生人才的分類,不同行業對人才的需求也各不相同。由於企業規模和產品結構的不同,同一技術管理崗位所需人才的特性也有所不同。地方經濟對人才需求的特性決定著什麼類型的人才受社會青睞,因此,地方高校的人才培養要結合區域經濟的發展狀況,找準各自的定位。在中國2200餘所高校中,隸屬教育部和其他部委管理的不到100所,其餘均為地方政府管理或民辦體制,我們可以稱其為地方性大學。地方高校作為國家高等教育體系的重要組成部分,必須有自己明確的人才培養定位,否則便失去了其作為地方高校的意義,同時也會極大地弱化其在地方經濟社會發展中的作用。

目前中國開設商務英語專業的64所本科院校多數都是歸屬地方管理的應用研究型或應用型大學。地方高校承擔著為區域輸送人才、滿足區域經濟對人才的需求的任務。一方面人才供給總量要滿足區域經濟增長的需要,另一方面人才供給的結構要與產業結構相匹配。從商務英語人才供給總量看,由於近年來地方高校招生規模增長,實現了高等教育的歷史性跨越,基本上滿足了人才增長的數量需求。但從人才供給的結構看,存在人才供給結構與地方人才需求結構錯位的現象:許多涉外企業在英語人才方面存在缺口,而一些畢業生卻找不到理想的職業。改變人才培養與社會需求脫節的問題,需要地方高校對人才培養的定位進行反思。

#### 4.3.5.3 地方性商務英語人才特徵

在制定人才培養目標時,地方特色的體現也是人才區別與其他院校的有力證明。可以從三個方面突出人才的地方性:①面向地方經濟。與部屬高校相比,地方高校更接近經濟發展一線地帶,是面向地方的人才輸出主體,它的質量越高,地方經濟社會發展的造血機制就越強,發展的后勁和活力就越充足,

就越能實現經濟發展的各項目標。經濟全球化影響著中國各個角落。地方經濟的發展越來越離不開國際商務活動。地方需要成為商務英語人才主要的市場所在。作為一個有著巨大市場需求的辦學主體，設立商務英語專業的地方高校要有效履行自身社會責任，確保人才適應地方經濟發展需要的意識。要從根本上改變人才培養與實際需求不相適應的狀況，地方高校必須對地方的有關經濟社會發展長遠規劃有科學的認識和把握，在人才培養方面與地方經濟發展同步。這也正是在大力實施科教興國戰略的今天，地方政府和人民對地方高校發展寄予厚望、著力支持地方高校發展的重要原因。②依托地方經濟優勢。面向地方、依托地方不僅是地方高校專業建設的立足點，也是地方高校專業發展的著力點，因為首先地方高校對地方社會資源具有絕對的獨占性，因此，依托區域資源開展專業建設，既體現了地方高校的本質屬性，又有別於重點大學，徹底改變「千校一面」「人云亦云」的專業建設狀況，也只有根據學校的辦學條件與所在地區經濟的優勢，才能培養出其他院校所不能匹敵的、適應本地經濟需要的商務人才。其次，地方優勢產業的發展必然會聚集一大批優秀的行業經營管理人才。這無疑是十分可貴的教育資源。將這些企業的成功經驗和市場競爭的實際案例帶進課堂，對拓展學生的知識面、掌握企業經營和管理所需要的知識和技能、培養學生參與和適應社會競爭的健康心態，都是非常有幫助的。③服務地方企業。地方企業是地方經濟發展的主要推動力，決定著地方經濟的發達程度。科技和人才是一個行業前進和發展的源泉，因此人才的培養主要應服務於當地企業的需要，在定位方面就應考慮當地行業的特點。如河北省秦皇島是一個外向型經濟較發達的城市，當地可以偏向國際會展、國際合作方向的商務英語人才培養。內陸地區外向型經濟還不太發達，可以突出本地需要來培養人才，比如招商引資方面、本地土特產出口方面、當地特色旅遊方面的商務英語人才。

### 4.3.6　通才+專才型人才

通才教育是為了培養具有高尚情操、高深學問、高級思維，能自我激勵、自我發展的人才。通才教育重視知識綜合性和廣泛性。注重理智的培養和情感的陶冶。而專才教育比較注重學生實際工作能力的培養。專才教育專業劃分詳細，重理論學習和基礎知識，培養的人才短期內具有不可替代性。但兩種培養模式都各自有著不容忽視的缺陷。通才教育模式下人才往往由於涉獵過分廣博，學科的深入發展受到影響，以至於專業知識欠缺，無法迅速勝任工作。但專才教育模式在專業劃分過細的情況下，片面強調職業教育，會造成學生知識

面狹窄、后期發展無力的后果。中國教育模式是沿襲上個世紀50年代前蘇聯模式演變而來，其優點是專業劃分細、注重理論學習、學生基礎知識扎實，但存在能力培養不足，綜合性、應用性不夠等弱點，而且不符合學生就業的實際市場需求。

二戰以后，由於科學技術的發展突飛猛進，日新月異，社會對人才的需求呈現高度分化與高度綜合的特徵。一方面要求專業教育繼續培養「專門人才」以適應工業化大生產和社會分工的需要；另一方面則要求教育培養出適應科學技術綜合化發展，並能有效解決社會問題的「通才」，要求人們不僅要懂技術，有科學素養，還要懂得如何處理人與人、人與社會、人與自然、人與國家、國家與國家的關係，要有人文精神，並且要用人文精神來駕馭科學精神，避免人成為「機器化的人」，成為「技術的奴隸」。使科學技術與人類文明同向發展，以實現人類社會的可持續發展。通識教育因此被再次推上了歷史的舞臺（祝家麟，陳德敏，2002）。

專才與通才不應對立起來，專才教育不是對通才教育的否定。商務英語人才的培養正面臨著複雜的人才需求環境。國際商務活動涉及不同國家的政治、經濟、文化、宗教、哲學等多個領域，需要從業人員不僅要具有扎實的商務專業知識、熟練的商務技能，還要具有綜合的人文素質來應對這種複雜的從業環境。多數涉外企業對於人才的需求中明確地提出了「具有較高的人文素質」這樣的要求。較高的人文素養也是構成國際化人才的必要素質。沒有寬廣的知識面也不可能形成國際化的思維方式和國際化視野。這些內外因素決定了商務英語的人才培養方案中必須考慮通才教育與專才教育的結合。在人才培養方案的制訂中，我們可以通過課程設置、教學體系和教學評價體系等方面的科學設計，體現專才與通才培養相結合的教育理念。

# 第 5 章　綜合型商務英語人才培養模式構建

## 5.1　商務英語本科人才培養模式的演化

中國的商務英語教學可以追溯到 20 世紀 50 年代初，當時的課程被稱作「外貿英語」，並一直沿用到 80 年代（王關富，徐偉，1997）。自 20 世紀 50 年代以來，中國商務英語教學走過了一條非常曲折的發展道路，然而這一複雜艱辛的歷程最終使商務英語逐漸發展成為一門「顯學」專業。無論是商務英語專業的名稱演變、培養模式、辦學主體、辦學層次、課程設置，還是商務英語學術研究、教育政策與規劃，均表明中國商務英語專業正在逐漸形成。「外貿英語」后來更名為「財經英語」「經貿英語」「商貿英語」，直至今天的「商務英語」。商務英語曾數易其名，其間也經歷了從『外貿英語函電』一門課程到初具規模的一個專業的發展過程」（林添湖，2001；陳準民，王立非，2009）。如今，商務英語這門專業也已逐漸認同。商務英語的培養模式在多年的探索中也已逐漸變得明朗，目前呈現出一種多元化態勢。

首先從培養路徑來看，商務英語專業已經歷了至少五種形式：商科或其他專業+少量商務英語課程，商科或其他專業主修+商務英語輔修，商務英語專業，商務英語主修+其他專業輔修，雙學位（對外經濟貿易大學商務英語理論研究小組，2006）。從辦學思想、師資力量、開設課程的差異來看，目前已逐漸形成了「英語+商務」模式、「商務+英語」模式和「商學專業」模式。

其次，從課程設置來看，中國商務英語已從若干門商務語言技能課程逐漸發展成為比較全面的商務英語課程體系。1950 年代至 1980 年代中期，商務英語教學僅限於「老三門」外貿英語課程（即外貿英語函電、西方報刊經貿文章選讀、外貿英語口語）。上海外國語學院英語系 1980 年以來增設的各類選修課近 40 門，包括語言、文學、歷史、地理、文化、經貿、新聞、外交、法律、

宗教等。該系英語語言文學專業與商務英語有關的選修課程包括「外貿英語」「英語外貿函電寫作」「國際金融」「國際貿易」「進出口業務」等。有的學校高年級增設專業傾向的課程，如廣州外國語學院從三年級開始開設了國際金融，國際經濟，外貿函電，出口程序等課程（李良佑等，1988）。1987年《普通高校社會科學本科專業目錄》將「專門用途外語（外貿）」（專業編號4303）納入外語專業目錄，並將其培養目標定位為「培養從事外貿專業外語教學工作、外貿翻譯與情報資料工作、外貿業務管理工作的高等專門人才」（李良佑等，1988）。「專門用途外語（外貿）」專業設置了十余門課程，主要課程包括「大學基礎外語、外貿外語（含外貿函電及商業談判口語）、所學外語語言理論基礎、所學語言國家概況、國際關係史、國際商法與國際貿易、宏觀微觀經濟學、世界經濟地理、中國對外貿易政策與法令、應用數學、漢語、第二外國語、業務實習等」（李良佑等，1988）。20世紀90年代至2000年以後的十余年時間內，許多高校開始了複合型英語專業人才培養的探索並開設了一些商務英語方向課程，其中2000年教育部頒布的《高等學校英語專業英語教學大綱》將「國際貿易實務」「國際商業概論」「經濟學概論」「國際金融概論」「涉外企業管理概論」等課程以「相關專業知識課程」列入英語專業的「選修課」。2007年，商務英語獲批為「目錄外試辦專業」。隨後制定的《高等學校商務英語專業本科教學要求》（試行）設計了較全面的商務英語課程體系，涵蓋了四大課程模塊（陳準民、王立非，2009）：①語言知識與技能課程群（包括高級商務英語、商務口譯、商科經典選讀、金融英語、法律英語等）；②商務知識與技能課程群（包括工商導論、國際貿易、國際貿易實務、國際營銷、國際金融、電子商務、會計學、統計學、創業與創新等）；③跨文化交際課程群（包括國際商務談判、英語演講、商務溝通、國際商務禮儀、國際商務文化、企業文化、商業倫理等）；④人文素養課程群（包括歐美文化概論、歐美戲劇鑒賞、中國文化概要等）。

  再從辦學主體及其規模來看，已從最初的部分經貿和財經類高校設立商務英語課程擴展到各類各層次學校中的外語院系均開設商務英語專業或開辦商務英語方向。1954年建立的北京對外貿易學院設立了外貿外語系。1960年成立的上海對外貿易學院在上海外國語學院外貿外語系的基礎上設立了外貿外語系（李良佑等，1988）。商務英語辦學層次也開始呈現出多樣化，其中既有高職高專院校開辦的商務英語專業，也有本科院校開辦的商務英語專業。全國大約有2000所大專院校開設了商務英語專業或方向（曹德春，2011）。截止到2013年7月，教育部已批準全國64所高等院校開設商務英語專業的課程。此外，部分院校還在外國語言學及應用語言學或英語語言文學二級學科下設置了

商務英語研究方向並開始招收碩士研究生。2008年廣東外語外貿大學在全國率先申報並成功獲批商務英語研究碩士二級學科點，該學科點研究範圍包括國際商務交際、商務英語語言、商務英語教學三個研究方向。而且，對外經貿大學在2011年還設置了商務外語研究二級學科博士點。

從辦學單位類型來講，設置商務英語專業的本科院校基本上屬於應用研究型和應用型院校，既具有一定的科研能力，也具備培養應用型人才的實踐經驗，是承擔培養商務英語人才任務的中堅力量。

在教學方法和教學手段方面也經歷了較大的變化。最初的講授方法以外貿詞彙和外貿常用語言語法為主要教授內容，注重語言技能的訓練。如今許多院校針對高年級學生以英語為工具進行商務學科內容的傳授。80年代和90年代基本上是以教師為中心的滿堂灌式的教學方法，如今以學習者為中心的教學理念正在為商務英語教師所接收，教學中更加注重學生的參與，課堂討論、學生角色扮演等活動豐富了教學形式。教學手段也伴隨著計算機和網絡技術的發展而擁有了多媒體教學和網絡教學平臺。教師可以從視、聽、說各個角度豐富學生的學習體驗，讓學生感受更生動的英語環境下的商務氛圍，這些都可以促進商務英語教學活動的發展。

## 5.2 現行人才培養模式存在的問題

在人才培養工作方面，多數院校並沒有根據不同定位來設計與之相適應的人才培養模式，這是因為整體教學理念和教學活動還沒有擺脫英語語言文學教學的舊模式，可謂「穿新鞋，走老路」，培養模式與培養目標嚴重不匹配。目前許多用人單位對商務英語專業畢業生的反饋意見並不樂觀，這在本書第三章中有所介紹。現行商務英語人才培養模式的問題主要存在於培養路徑、課程設置、教學體系和人才培養評價體系幾個方面。

### 5.2.1 培養路徑不科學

要達到目標，必須通過一定的路徑，人才培養也是如此。整體來看，除了廣東外語外貿大學和對外經濟貿易大學商務英語專業以外，全國各高校商務英語專業的人才培養主要呈現以下三種路徑：英語+商務知識、英語+漢語商務課程、通用英語+商務英語。

第一種，英語+商務知識。在傳統的英語課程中添加少量的商務知識，例

如經貿英語、外經貿英語寫作等。學生從所修的本科英語專業課程中獲取比較籠統和膚淺的商貿專業知識。雖然了解了一些國際商務概念和術語，不過，並沒有架構起商務系統知識體系，商務實際操作能力也不強。

第二種，英語+漢語商務課程。在英語專業課程之外增加用漢語開設的商務課程，由商貿專業的教師用漢語授課，專門講授較為系統的商貿理論和操作，不涉及英語語言知識或語言訓練。由於漢語開設的商務課程學分總量的限制，商科課程門數少，學生依然無法獲得足夠的商務知識或操作技能。該模式的缺陷是：漢語授課；用漢語教材；漢英術語不接軌，學生無法用英語從事商務工作。

第三種，通用英語+商務英語。在大學前兩年，主要學習英語專業的語言應用課程和文化課程。三四年級設置一系列商務英語類課程，必修和選修都有，如進出口貿易英語、國際營銷英語、商貿法規英語、國際金融英語等。這些商務英語類課程形成系列，商科知識增加了系統性，有了深度和廣度。不過，該模式還是把前兩年的教學重點放在了通用英語語言知識和技能學習方面，在語言和商務兩種能力的銜接上出現了斷裂，前期的通用語言課程不能支持后期陡然增加的語言陌生度和難度。

### 5.2.2　課程設置不夠完善

盡管《高等學校商務英語專業本科教學要求》（試行）為商務英語專業設計了涵蓋語言知識與技能課程群、商務知識與技能課程群和人文素養課程群三大課程模塊的課程體系。然而，在具體實施過程中，許多院校的課程設置還不能夠達到要求，主要體現在以下五個方面：

（1）師資力量不足，因人設課。由於缺乏充足的商務英語師資力量，只有少數專業課程可以進行英語或雙語授課，許多商務課程不能採用英語授課，也由於缺乏精通商務的語言教師，商務英語課程的講授方式也局限在語言知識和技能的訓練。這些做法割裂了語言與商務有機融合的紐帶。

（2）通用英語課設置量過大。就目前中國高中和大學英語教育現狀來說，存在著重複現象。近些年高中階段的英語學習已經使多數學生獲得了進一步進行專業英語學習的知識儲備和能力。可是進入大學階段后，根據學校的課程安排，學生仍然會在英語語言基礎知識和技能訓練方面投入大量的精力，這不僅形成資源和精力的浪費，還會使學生產生厭倦情緒，失去學習興趣和動力。有必要在語言的基礎學習階段融入專業領域的學習，逐漸適應后期英語環境下對專業知識的深入和系統學習。

（3）缺乏過渡性課程。學習的過程是漸進的、有層次的。通用英語和專業

英語之間的跨越需要一個漸進的過程。如果通用英語結束后立即進入商務英語課程的學習，學生會對專業領域詞匯和語言的陌生感到措手不及。專業知識的深度使得學生對語言的關注大大降低，這也無法保證商務和語言的有機融合。

（4）實踐課程太少，不利於學生應用能力、創新能力的培養。多數商務英語專業的課程設置都對實踐課程採取了邊緣化的做法。一方面，這是由於對實踐課程的不重視造成的，另一方面，缺乏實踐平臺也使得許多院校放棄實踐課的開展。

（5）通識課程不夠全面，難以滿足素質要求。人文素質主要指一個人在廣博的人文知識基礎上能夠靈活運用知識、積極思考、正確看待問題，具有運用各種綜合知識解決實際工作中的問題的創新意識和能力素質。各學校開設的選修課是通識教育主要陣地。不過從整體情況來看，人文教育課程工設不足，在各校選修課程中缺乏對世界形勢分析的課程，同時也缺乏全面介紹中外哲學體系、文學文化體系、政治以及宗教體系的課程。沒有對中西方社會文化全面的了解，學生的人文素養就難以提升。

### 5.2.3　教學體系落后

教學體系的問題主要體現在五個方面：教學方法陳舊；教材缺乏科學性；缺乏實踐教學平臺；教師素質有待提高；課程考核體系不科學。

（1）教學方法陳舊。《高等學校商務英語專業本科教學要求》（試行）提出了商務英語教學應以學生為中心、教師為主導，注重培養學生的學習能力、研究能力和解決問題的能力。不過，由於傳統教學方法的長期影響和傳統文化影響下學生個性較內斂、缺乏主動精神、缺乏創新意識的原因，課堂活動仍然難以體現真正以學生為中心的指導思想。盡管多數教師已經具有了以學生為中心的教學理念，然而由於教師自身對「以學生為中心」的教學活動缺乏了解，也缺乏必要的指導，教學改革並不順利，學生的主體地位尚未樹立起來。盡管部分教師會時常組織一些課堂活動，但是在整個教學系統中，這種與傳統形式截然不同的教學方式還未深入人心，同時沒有配套的評價體系形成，許多教師沒有勇氣進行顛覆性的教學方法改革。因此，對於多數商務英語教師來說，教學方法的改革仍舊任重道遠。

（2）缺乏科學系統的教材支持。目前，全國範圍內並未出現業內一致認同的商務英語教材。教材普遍缺乏層次性、綜合性和實用性。對於從未接觸過商務知識的學生來說，英語與商務的結合需要梯度合理、層次分明的教材，讓學生能夠循序漸進地學習商務英語。而目前的教材或者太偏重語言的訓練，忽

略商務內容的漸進加入，或者只考慮商務內容的介紹，而忽略學生語言能力的漸進式訓練，難度突然變大，使學生難以接受。教材綜合性不夠，使得學生不能同時在各種能力上得到訓練，比如，學生三年級和四年級偏重商務內容的學習，教材一般偏重商務知識的介紹而忽略學生英語聽說讀寫譯各種技能的訓練了。而英語語言能力的培養需要持續不斷的訓練才能保持在較高的水平。使用這樣缺乏綜合性的教材會妨礙學生英語和商務複合能力的培養。教材中內容主觀隨意性大的問題也很突出，有些教材選用國外的文獻材料，然而內容卻東拼西湊，目的不明確，前后缺乏有機的聯繫，學生很難通過學習這些教材提高應用能力。

（3）教師素質有待提高。承擔商務英語教學工作的教師絕大多數是由英語語言文學專業教師轉行而來，其擅長的領域是英語語言教學，但缺乏系統商務知識和商務實踐能力。由於財力有限，各院校很少為這樣的教師提供專業進修、專業實踐的機會，教師只能憑借業餘時間的自學來補充商務知識，知識結構缺乏系統性。不少院校的商務英語專業還會聘請商務學科的專業老師來講授專業課程，但是這些老師的英語授課能力有限，不能滿足英語與商務的結合教學。這些現實使得英語語言和商務學科教學缺乏有機的結合，呈現割裂的狀態。如果情況得不到改善，商務英語教學效果會受到巨大影響，進而影響整個學科的未來發展。

（4）缺乏實踐教學平臺。實踐教學需要教學管理部門為之搭建平臺。工學結合是目前最為適當的方式，然而，工學結合的實踐教學在中國大多地區進行得並不順利，主要原因在於企業一方。出於自身利益的考慮，在建立校企合作關係方面，企業一般沒有學校表現的那般熱情。由於缺乏政府有力的財政和政策支持，商務英語專業的「校企合作」仍存在「學校熱，企業冷」的現象。陳解放（2006）指出：「企業積極性不高的問題是一個全球普遍存在的問題。所謂不高是相對學校而言，因為培養人才是學校的主業而非企業的主業，在沒有利益驅動的條件下企業的積極性不高是理所當然的。」換句話說，在工學結合教育模式的實施中學校是「主辦方」，企業是「協辦方」。目前，多數「主辦方」還沒有找到能夠增強協辦方積極性的好辦法。

（5）課程考核體系不夠科學。對於商務英語專業這樣的應用型人才的培養，課程考核是非常重要的組成部分。課程考核不僅是對教學效果、學生學習情況的一種檢驗，而且對教學理念、教學方式方法、教學管理工作還具有導向作用。落後的測試和評估方法會影響人才培養的效果，阻礙教學方法的改進。目前，商務英語教學評價體系所存在的問題主要有：①評價標準單一。以卷面成績為主要評價標準而忽略對動手操作能力和解決實際問題能力的課程考核體

系使得教師和學生雙方過多關注課本知識的傳授和記憶，而忽略以解決問題為目的的知識靈活運用。②評價方式方法簡單。目前對商務英語教學評價的方法主要是期末測試和課堂考勤結合的方法。只要期末測試成績合格，平時課堂出勤率達到要求，學生就被認定為成績合格，此外就是畢業論文的撰寫。目前的成績考核體系缺乏形式多樣的測試方法，比如口頭表述、課程論文、討論發言、分析報告之類的測試方式。只有通過多種測試方法才能多角度考查學生知識與能力的結合程度，更全面引導教學的改革。③測試構卷不科學。目前商務英語測試比較突出的問題還體現在測試內容上，其主要表現是試卷命題隨意性較大，比如對於同一門課，學生常常發現不同的教師會從自己的主觀認識出發進行命題，缺乏統一的測試內容與題型，致使學生掌握的知識與技能呈現不系統、不統一的現象。長此以往，這種現狀會導致人才培養規格的混亂，引發社會對商務英語人才質量的質疑，甚至影響專業的未來發展。

### 5.2.4　缺乏全面的人才培養評價體系

目前，對於一個學科專業的主要評價依據是權威機構對其所在學校的評價。評價機制比較單一。多年來，中國對大學的評價主要來源於各級行政機構的評價結果，評價中過於注重純研究成果的量化，人才培養評價被嚴重忽視。后來出現了一些將人才培養納入在內的評價體系，如廣東管理科學院的武書連等三位學者所作的大學研究與發展評價。1991年以來該課題組一直堅持公布其排行榜。到目前為止，它在中國影響最大，也最具權威性。2000年以前，這個體系只是一種科學研究排名，從2000年開始，該排行榜成為一個包含「人才培養」和「科學研究」的辦學成果綜合性排行榜。但在人才培養的評價方面，該榜僅僅考察博士後、博士、碩士、本科生、專科生的產出數量，仍然難以反應大學人才培養的全面情況。對於以應用人才培養為主要目標的商務英語專業來說，有必要在人才培養模式構建過程中納入一個能夠綜合評價學校人才培養效果的評價體系，既能夠對人才培養形成一定的監督和促進作用，也能夠幫助學校擺脫僅僅依靠科研成果和高學位人才數量進行教育質量評價的束縛和陰影。

## 5.3　綜合型商務英語人才培養模式的構建

商務英語專業的人才培養模式要體現應用能力、創新能力、人文素質、國

際化的人才培養目標，從根本上突破當前模式僵硬化的困局，優化人才成長的制度機制和文化環境，必須通過在培養路徑、課程設置、教學及其運行管理體系、人才評價體系等等方面開展積極和富有成效的改革探索，這樣才能促進學生的全面、協調和可持續發展，展現本專業的人才培養優勢。

### 5.3.1 商務英語人才培養路徑的選擇

人才培養目標決定培養路徑。要實現真正複合培養，需要通過徹底的複合型路徑。我們可以通過兩種方式讓複合培養更加貼近目標的實現。

第一種路徑，商務英語專業式。這種方式強調英語和專業至始至終的統一，除全校通修課以外，其餘課程採用全英語授課。一年級開始就把基礎階段的英語語言知識和技能同商務學科的基礎課內容相結合，形成語言學習專業化的教學模式，為更系統的專業知識學習奠定語言基礎。二、三年級的語言學習和商務知識學習逐漸加深，形成語言和專業學習的一體化。從三年級開始，學生通過自由選擇，挑選自己感興趣和擅長的某個商務領域的專業方向學習（英語授課），避免學生商務知識過於泛化和缺乏針對性的現實。

第二種路徑，雙學位方式。在修讀商務英語專業所規定的課程同時，根據本校對於第二學位修讀課程的規定修讀另外一個經濟類或管理類專業所規定的所有課程后，獲得英語語言文學學士和經濟學或管理學學士。

這兩種路徑都能夠達到雙學科知識體系的融合，也就是把英語語言和商務學科的課程體系融於一體，讓學生在兩個學科內較盡可能深入地學習系統的專業知識與技能，獲得該知識體系的思維方式。這樣的學科交叉型人才在市場競爭中更加具有優勢。

### 5.3.2 課程設置的優化

課程設置在人才培養模式的構建中占據著非常重要的地位，課程設置可以看作是人才培養目標和模式的具體體現，也是實現商務英語人才培養的根本途徑。課程設置可以體現該校該專業在辦學思想、辦學條件以及辦學特色等等方面的整體思想。通過分析中國南方和北方兩所有代表性的地方院校課程設置情況，我們可以發現當前商務英語專業課程設置中存在的問題，並進而尋求改進措施。

#### 5.3.2.1 課程設置實例分析

以下是北方某綜合院校的商務英語專業和南方某財經類大學商務英語專業的課程設置方案。我們可以通過分析、對比兩種課程設置的內容，發現各自的

優缺點，為改進課程設置提出建設性意見。

（1）A 校（北方某綜合性大學）商務英語專業課程設置

表 5.1~表 5.5 分別列出了 A 校商務英語專業學生課堂教學及實踐教學學分分配、通用英語模塊、商務英語課程模塊、商務學科必修課以及選修課模塊的課程設置情況。該校課堂教學總學分為 142 學分，實踐環節 10 學分，第二課堂不少於 10 學分。課堂教學中通識課模塊（全校通修課、學科通修課、文科數學、第二外語、軍訓及軍事理論、開放選修課程）共 62 學分；通用英語課模塊（綜合英語、聽力、交際、寫作、翻譯）為 44 學分；商務英語課程模塊為 8 學分；商務課程模塊（商務基礎課、商務專業課）為 13 學分，專業選修課為 15 學分。

表 5.1　A 校商務英語專業課堂教學及實踐教學學分分配

| 課程 | 通識教育課程 | 通用英語課程模塊 | 商務英語課程模塊（必修） | 商務學科課程模塊(必修) | 專業選修課 | 專業實踐模塊 | 合計 |
|---|---|---|---|---|---|---|---|
| 學分 | 62 | 44 | 8 | 13 | 15 | 10 | 152 |

表 5.2　A 校通用英語模塊課程設置

| 課程 | 學分 | 總課時 | 周課時 | 開課學期 | 課程性質 | 開課單位 |
|---|---|---|---|---|---|---|
| 綜合英語 1 | 5 | 75 | 5 | 1 | 必修 | 外國語學院 |
| 綜合英語 2 | 5 | 85 | 5 | 2 | 必修 | 外國語學院 |
| 綜合英語 3 | 4 | 68 | 4 | 3 | 必修 | 外國語學院 |
| 綜合英語 4 | 4 | 68 | 4 | 4 | 必修 | 外國語學院 |
| 聽力 1 | 4 | 60 | 4 | 1 | 必修 | 外國語學院 |
| 聽力 2 | 4 | 68 | 4 | 2 | 必修 | 外國語學院 |
| 聽力 3 | 2 | 34 | 2 | 3 | 必修 | 外國語學院 |
| 聽力 4 | 2 | 34 | 2 | 4 | 必修 | 外國語學院 |
| 英語交際技能 1 | 2 | 34 | 2 | 2 | 必修 | 外國語學院 |
| 英語交際技能 2 | 2 | 34 | 2 | 3 | 必修 | 外國語學院 |
| 英文寫作修辭 | 2 | 34 | 2 | 3 | 必修 | 外國語學院 |
| 高級英語 1 | 2 | 34 | 2 | 5 | 必修 | 外國語學院 |
| 高級英語 2 | 2 | 34 | 2 | 6 | 必修 | 外國語學院 |
| 英漢互譯 1 | 2 | 34 | 2 | 4 | 必修 | 外國語學院 |
| 英漢互譯 2 | 2 | 34 | 2 | 5 | 必修 | 外國語學院 |

表 5.3　　　　A 校商務英語課程模塊設置模塊設置

| 課程 | 學分 | 總課時 | 周課時 | 開課學期 | 課程性質 | 開課學院 |
|---|---|---|---|---|---|---|
| 商務英語 1 | 2 | 34 | 2 | 2 | 必修 | 外國語學院 |
| 商務英語 2 | 2 | 34 | 2 | 3 | 必修 | 外國語學院 |
| 商務英語 3 | 2 | 34 | 2 | 4 | 必修 | 外國語學院 |
| 商務英語翻譯 | 2 | 34 | 2 | 5 | 必修 | 外國語學院 |

表 5.4　　　　A 校商務英語專業商務學科必修課課程設置

| 課程 | 學分 | 總課時 | 周課時 | 開課學期 | 課程性質 | 開課單位 |
|---|---|---|---|---|---|---|
| 國際貿易(雙語) | 2 | 34 | 2 | 4 | 必修 | 商學院 |
| 國際貿易實務(雙語) | 2 | 34 | 2 | 5 | 必修 | 商學院 |
| 國際金融 | 3 | 51 | 3 | 5 | 必修 | 商學院 |
| 微觀經濟學 | 2 | 34 | 2 | 2 | 必修 | 商學院 |
| 宏觀經濟學 | 2 | 34 | 2 | 3 | 必修 | 商學院 |
| 國際結算 | 2 | 34 | 2 | 7 | 必修 | 商學院 |

表 5.5　　　　A 校商務英語專業選修課模塊

| 課程 | 學分 | 總課時 | 周課時 | 開課學期 | 課程性質 | 開課單位 |
|---|---|---|---|---|---|---|
| 會計學 | 2 | 34 | 2 | 5 | 選修 | 會計學院 |
| 跨文化交際 | 2 | 34 | 2 | 5 | 選修 | 外國語學院 |
| 經貿文選 | 2 | 34 | 2 | 5 | 選修 | 外國語學院 |
| 商務英語寫作 | 2 | 34 | 2 | 5 | 選修 | 外國語學院 |
| 英文報刊閱讀 | 2 | 34 | 2 | 6 | 選修 | 外國語學院 |
| 歐洲文化 | 2 | 34 | 2 | 6 | 選修 | 外國語學院 |
| 市場營銷學（雙語） | 2 | 34 | 2 | 6 | 選修 | 商學院 |
| 國際商務談判 | 2 | 34 | 2 | 6 | 選修 | 商學院 |
| 商務英語口譯 | 2 | 34 | 2 | 6 | 選修 | 外國語學院 |
| 英語演講與朗誦 | 2 | 34 | 2 | 7 | 選修 | 外國語學院 |
| 英語小說閱讀與欣賞 | 2 | 34 | 2 | 7 | 選修 | 外國語學院 |
| 英文影視欣賞 | 2 | 34 | 2 | 8 | 選修 | 外國語學院 |
| 英語散文欣賞 | 2 | 34 | 2 | 8 | 選修 | 外國語學院 |
| 英語口譯 | 2 | 34 | 2 | 8 | 選修 | 外國語學院 |
| 專業選修課必須修滿 15 學分 ||||||||

（2）B 校（南方某財經大學）商務英語專業課程設置

為了適應複合型人才培養目標，B 校於 2013 年對商務英語專業課程設置做了一定的調整，加大了商務課程的英語授課力度。在基礎階段的英語課程裡增加了商務內容。表 5.6~表 5.10 分別列出了 B 校商務英語專業教學學分分配、學科基礎課程、專業主修課程、實踐課程和選修課程的設置情況。

表 5.6　　　　　　　　　　B 校教學學分分配

| 課程 | 通識教育課程 ||大學科基礎課| 專業主修課程 || 自由選修課程 | 合計 |
|---|---|---|---|---|---|---|---|
| | 通識教育基礎課 | 通識教育核心課 | | 專業主修課程 | 實踐環節 | | |
| 學分 | 59 | 10 | 26 | 18 | 14 | 45 | 172 |

表 5.7　　　　　　　　　　B 校學科基礎課程設置

| 課程 | 學分 | 總課時 | 周課時 | 開課學期 | 課程性質 | 開課單位 |
|---|---|---|---|---|---|---|
| 英語寫作 I | 2 | 32 | 2 | 2 | 必修 | 經貿外語學院 |
| 英語寫作 II | 2 | 32 | 2 | 3 | 必修 | 經貿外語學院 |
| 商務英語寫作 | 2 | 32 | 2 | 4 | 必修 | 經貿外語學院 |
| 商務英語聽說 I | 2 | 32 | 2 | 3 | 必修 | 經貿外語學院 |
| 商務英語聽說 II | 2 | 32 | 2 | 4 | 必修 | 經貿外語學院 |
| 商務英語閱讀 | 2 | 32 | 2 | 3 | 必修 | 經貿外語學院 |
| 高級商務英語 I | 4 | 64 | 4 | 5 | 必修 | 經貿外語學院 |
| 高級商務英語 II | 4 | 64 | 4 | 6 | 必修 | 經貿外語學院 |
| 英語筆譯 | 4 | 64 | 4 | 5 | 必修 | 經貿外語學院 |
| 第二外語 I | 2 | 32 | 2 | 5 | 必修 | 經貿外語學院 |

表 5.8　　　　　　　　　　B 校專業主修課程設置

| 課程 | 學分 | 總課時 | 周課時 | 開課學期 | 課程性質 | 開課單位 |
|---|---|---|---|---|---|---|
| 學科導論 | 1 | 16 | 1 | 1 | 必修 | 經貿外語學院 |
| 商務導論 | 3 | 48 | 2 | 4 | 必修 | 經貿外語學院 |
| 國際金融 | 2 | 32 | 2 | 6 | 必修 | 經貿外語/金融學院 |
| 國際商務（英） | 2 | 32 | 2 | 5 | 必修 | 經貿外語/國際商學院 |
| 商務筆譯 | 2 | 32 | 2 | 6 | 必修 | 經貿外語學院 |
| 國際商務溝通(英) | 2 | 32 | 2 | 5 | 必修 | 經貿外語學院 |

表 5.8(續)

| 課程 | 學分 | 總課時 | 周課時 | 開課學期 | 課程性質 | 開課單位 |
|---|---|---|---|---|---|---|
| 商務口譯 | 2 | 32 | 2 | 6 | 必修 | 經貿外語學院 |
| 國際支付與結算 | 2 | 32 | 2 | 6 | 必修 | 經貿外語學院 |
| 國際貿易實務 | 2 | 32 | 2 | 5 | 必修 | 經貿外語學院 |

表 5.9　　　　　　　　B 校實踐環節課程設置

| 課程 | 學分 | 總課時 | 周課時 | 開課學期 | 課程性質 | 開課單位 |
|---|---|---|---|---|---|---|
| 綜合實訓 I | 1 |  |  | 4 | 必修 | 經貿外語學院 |
| 綜合實訓 II | 1 |  |  | 8 | 必修 | 經貿外語學院 |
| 商務實踐 | 2 |  |  | 1–8 | 必修 | 經貿外語學院 |
| 社會實踐與調查 | 2 |  |  | S3 | 必修 | 經貿外語學院 |
| 專業實習 | 4 |  |  | 7–8 | 必修 | 經貿外語學院 |
| 畢業論文 | 4 |  |  | 7–8 | 必修 | 經貿外語學院 |

表 5.10　　　　　　　　B 校部分自由選修課程設置

| 課程 | 學分 | 總課時 | 周課時 | 開課學期 | 課程性質 | 開課單位 |
|---|---|---|---|---|---|---|
| 商務英語視聽說 | 2 | 32 | 2 | 5 | 選修 | 經貿外語學院 |
| 貨幣金融學(英) | 4 | 64 | 4 | 5 | 選修 | 經貿外語學院 |
| 經濟學原理(英) | 3 | 48 | 3 | 3 | 選修 | 經貿外語學院 |
| 現代金融實務(英) | 2 | 32 | 2 | 7 | 選修 | 經貿外語學院 |
| 人力資源管理(英) | 2 | 32 | 2 | 6 | 選修 | 經貿外語學院 |
| 學術論文寫作 | 2 | 32 | 2 | 7 | 選修 | 經貿外語學院 |
| 歐美文化概況(英) | 2 | 32 | 2 | 3 | 選修 | 經貿外語學院 |
| 中西方文化比較 | 2 | 32 | 2 | 4 | 選修 | 經貿外語學院 |
| 文體比較與翻譯 | 2 | 32 | 3 | 6 | 選修 | 經貿外語學院 |
| 翻譯批評 | 2 | 32 | 2 | 7 | 選修 | 經貿外語學院 |
| 同聲傳譯 | 2 | 32 | 4 | 7 | 選修 | 經貿外語學院 |
| 英語辯論 | 1 | 16 | 4 | S2 | 選修 | 經貿外語學院 |

通過比較，可以看出兩所高校商務英語專業呈現出不同的辦學理念、辦學特點和傾向。

在商務英語語言知識與技能訓練的必修課中，A 校對商務語言能力沒有給予應有的重視。而綜合英語課程很多，持續四個學期，著重訓練學生的綜合語言能力，不僅設置了綜合英語 1、2、3、4，還有聽力、高級英語、英漢互譯

等英語語言文學專業學生必修的英語知識與技能課程。這說明 A 校在英語語言文學的教學方面是很有經驗的，但商務英語課程較少，也沒有將其放在重要地位。比如商務英語寫作放在了第五學期的選修課一欄，商務英語口譯課也放在了專業選修課一欄中，並且開在第六學期，商務溝通（談判）課程則採用了漢語授課。這樣一來，對語言能力的基礎訓練階段就缺少了很多商務內容，與高年級的商務專業學科課程也不能實現語言上的對接。相比之下，B 校設置了相對較多的商務英語課程，比如國際商務溝通課（英語講授），商務英語聽說、口譯，商務英語寫作。但是在英語語言能力總量上，缺乏商務語言的綜合能力訓練。語言能力相對較弱，不能支撐高年級利用英語進行商務專業學科知識的學習活動。顯然，兩校的課程設置在語言和商務專業的融合方面，都有自己的長處，但也都呈現出很多不足。

在商務專業課程方面，我們看到，A 校比較注重學生扎實的商務知識學習與吸收，但是英語授課比例明顯偏低，這會在高年級的語言訓練階段形成一些空白。B 校的英語授課比例非常高，這是與複合型人才培養的目標相適應的。但是，除了國際金融、國際支付與結算以及國際貿易實務以外，更多的專業課學習都納入了選修課程範圍，比如經濟學原理、貨幣金融學、金融實務、人力資源管理等，但是商務類課程也並沒有形成體系，學生商務專業課程選修有較大的自由空間，盡管課堂語言使用英語，但在專業知識學習的系統性上會有欠缺。

從實踐課程的設置來看，兩校都缺乏充足的專業實踐活動。A 校總共只有 10 個學分分配給了實踐，這裡面還包括畢業論文、畢業實習。這在學生實踐能力培養方面幾乎起不到什麼實質性的作用。B 校在實踐課上多分配了 4 個學分，而且讓商務實踐涵蓋了大學 4 年 8 個學期的全部時間。不過仔細分析，這 8 個學期的實踐並沒有做出具體的課時安排，包括周課時數與總課時數。其中，需要深入企業進行的商務實踐課只占 2 個學分。可以看出，商務實踐並沒有真正成為 B 校商務英語課程設置與教學的重要組成部分。

從人文素質課程的設置來看，兩個院校都還不算全面。全校通修課和自由選修課是各校培養學生人文素養的主要陣地。上面所列各表格中沒有包括兩校所開全校通識課程和全校自由選修課程，但經過課題組成員仔細地閱讀和分析，發現兩所院校盡管在全校通修課育課程方面有馬克思主原理、毛澤東思想概論、法律基礎、思想品德、體育等全校通識課程外，自由選修課設置了諸如文學鑒賞、影視欣賞、音樂欣賞等課程，但是，培養國際化創新型人才所需要的拓展國際視野和創新思維的課程比較欠缺，需要補充，這是課程改革的一個方向。

#### 5.3.2.2 課程設置改革建議

A、B兩個院校的課程設置情況反應了全國範圍內多數院校商務英語專業的課程設置問題。整體上講，各院校的課程設置都不能滿足社會對具有國際化視野、較高人文素養和創新精神的複合型人才的需求。應該從以下幾個方面改進課程設置：

（1）設置語言訓練和專業學習緊密結合的語言課程。在基礎階段的語言訓練課方面，不宜採取模塊化的方式把語言和商務割裂。應該在前四個學期設置連續不斷的基礎商務英語課程，替換之前的單純訓練語言能力的綜合英語課程，把單純的語言能力訓練變成以商務知識學習為目的語言訓練。這個階段的商務知識應該涵蓋經濟學的基礎知識，並且要保證難度逐級遞進，在這個過程中打好語言與商務知識的雙重基礎。

（2）專業課程學習繼續與英語語言結合。高年級的商務專業知識學習應採用全英語授課或雙語授課方式，而且不放棄在學習過程中語言能力的訓練。專業內容要包括國際貿易、國際金融、國際企業管理三大基本知識模塊的學習，同時保證語言與專業知識難度逐級遞進的課程安排方式。

（3）增加專業選修課數量。為了適應學生自身需求的多樣化和人才市場對人才需求的多樣化現實情況，商務類專業課程設置應跳出以國際貿易學科為主的圈子，增加更多以英語或英漢雙語為授課語言的相關學科課程，並且能夠成體系地進行安排，以便於學生可以根據自己擅長和喜歡的方向選擇專業系列課程，比如除了與國際貿易專業相關的系列課程，還可以設置國際會計、國際保險、國際商法等相關學科的系列課程，為學生深入學習某個商務領域的知識提供條件。這是培養個性化人才的必要條件之一。

（4）豐富全校通修課內容。全校通修課和選修課是對學生進行通識教育的最佳陣地。全校通修課和全校自由選修課程群也應該設立旨在培養學生國際化視野和人文素質的課程。比如世界經濟形勢和政治形勢分析等課程可以讓學生形成國際化的思維習慣。國際化特色並非只有通過專門設課才能完成，在課程的內容選擇上，應該盡量加入國際化內容。比如，在教材選用和補充材料的提供方面，應該選取以當今國際熱門話題為題材的教學材料。一個人的人文素養提高離不開他對人類文明成果的了解，學校的通修課模塊或選修課模塊中應設立一些課程對東西方文化做比較全面和深入的介紹，比如設置一些西方哲學思想、東方傳統文化思想、東西方文化對比之類的課程。

（5）增加實踐課時量。實踐課程的缺乏使得學生沒有面對問題和解決問題的機會，也就談不上創新精神的和創新能力的培養。所以要加大實踐課的課時分配量。其課時量應該達到專業課課時總量的20%左右。有兩種實踐方式：

第一，可以把實踐課程分配到每一門專業課程的課時之中。比如，國際營銷課程的最后幾節課可以讓學生帶著任務，到企業進行調研和實踐，最后撰寫報告，用以檢驗其學習效果。第二，專門騰出更多的實踐課課時，到涉外企業進行業務實訓。為了保證實踐課的良好效果，要注意盡量選擇在本地涉外企業進行商務實踐活動，並且要在教師的監管之下完成實踐任務，不能放任自流，這樣的安排有利於為地方經濟建設培養人才，凸顯商務英語專業的特色。

### 5.3.3 改善教學及其運行管理體系

商務英語專業教學及運行體系改革主要應該從教學理念、教師素質、課堂教學方法與手段、實踐教學、教材建設和課程考核體系六個方面進行。

（1）樹立以學習者為中心的課堂教學理念。商務英語教學的目的是培養學生在具體的商務工作環境中運用語言的能力。商務英語教學強調通過以意義交流為目的的任務與活動，而不是語言知識如語法、詞匯、句型等練習，讓學生在實踐過程中經歷真實和綜合的事物，在實踐和運用中鞏固和加強技能，內化認知學習。教學活動強調語言的輸出，重視語言交際能力的培養，其表現形式是以學生為中心，以任務為途徑，沿著開放式的路徑到達既定的目標（曾文雄，2002）。在課堂環境下，應該倡導師生共同組織任務與活動，共同置身於語言交際的教學環境中。教師的主要任務是提供充足的語言材料輸入，如語法、詞匯、聽說讀寫等語言知識，創造充分的條件讓學生以目的語為媒介進行大量的交互性活動。學生的任務是在教師指導下完成語言材料的輸入，令其和自身已有的知識架構進行對接和融合，最后通過語言輸出完成教師指定的語言訓練任務。這樣，課堂教學的師生角色就很清楚了，學生是教學的主體，教師並非教學活動的中心，而只是教學活動的主導者。師生間事實上是一種合作的關係，課堂教學要突出學生的角色，淡化教師的角色。

（2）培養雙師型教師素質。作為商務英語教師應該同時具備英語語言知識、教學技能和商務專業知識。教師不僅要傳授課本知識，還應該結合當前國內外經濟形勢，幫助學生建構自己的知識與能力體系。在我們第三章中所提到的學生學習需求報告中，多數學生希望自己的教師既具有豐富的商務學科知識和從業經驗，又能夠結合英語語言給學生提供商英一體的學科知識體系，並能夠培養他們的商務實踐能力。教師的素質關係著商務英語專業在就業市場的認可度。「雙師型」教師是商務英語專業教師必須具有的資格。國家教育部制定的「雙師型」資格標準中，把教師「具備講師（或以上）專業技術職稱」作為必要條件，其他條件（包括某種行業的專業實踐技能、職業素質或執業資

格）均為充分條件，只要滿足其中一條就可以認定為「雙師型」教師。劉長育（2013）認為目前國際商務英語教師可分為三個層次：初級（從語言或文學專業轉過來並熱愛國際商務的英語教師）、中級（英語教師＋中層商務主管經歷＋國際商務師或相當資質）和高級（英語教師＋高層商務主管經歷＋高級國際商務師或相當資質）。為了加強「雙師型」隊伍建設，商務英語教師應該不斷學習，自我提高，保證自己的知識體系與現實社會保持一致。高校商務英語專業的管理者也應該盡力為教師提供專業進修和業務實踐的機會。還可以把外企、涉外企業具有豐富工作經驗並熱愛教書育人的專業人士請進學校，確保教師隊伍的素質。

（3）採用先進的教學方法與手段。要體現以學習者為中心的教學思想，必須從課堂教學方法和手段入手，在教學活動的設計過程中，追求教學內容和教學方法與學習者學習目的和需求的和諧與統一。Hutchinson 和 Waters 認為：以學生為中心的交際法和 ESP 相互關係密切而被普遍運用於 ESP 教學中，並且被認為是行之有效的教學法。在中國 30 年的商務英語教學實踐中，教育工作者探索了許多行之有效的教學方法，幫助學生創造貼近真實商務語境的教學環境，其目的是讓學生在課堂的環境中體驗商務實踐氛圍。這其中最具效力的有案例教學法、任務教學法和情景教學法等等。

案例教學法是 20 世紀 80 年代開始引入中國的，后廣泛運用於工商管理、公共管理、國際商務等實踐性、應用性強的專業教學領域。由於商務英語與以上領域的專業共性和親緣關係，教師也逐漸接受案例教學法在其教學中的應用。由於案例教學法的基本理念是強調通過真實的語言活動培養學生的語言實用能力，因此它與交際教學法是一脈相承的，或者說是交際教學法的一種衍生模式（王魯男、段靖，2010）。商務英語本身具有很強的實用性和不同的實踐領域分類，其基本語言活動一般都以信息為焦點（message-focused），任務為引導（task-based），語言訓練模式基本上都以一個商務事件為一個教學單元，事情發生、發展和結束的過程就是教學過程，教學帶有「敘事性」，同時，其語言訓練也具有很強的融合性，將聽、說、讀、寫、譯按事件發生的順序交叉進行，具有整體教學的特點。商務英語教學的這種特性使其非常適應案例教學的運用。在具體操作上，商務英語案例教學的程序一般按照案例準備—案例分析—案例討論—案例總結—撰寫案例報告—語言知識總結和語言技能復習—案例模仿演示等步驟進行，總體環節比較好把握，可操作性強。

任務教學法是指在課堂教學過程中通過師生共同協商完成某些任務，使學習者自然地習得語言、發展中介語和促進外語學習。任務教學法還強調通過口頭或書面交際共同獲得意義。任務教學法最大限度地提供學習的機會，調動學

生潛在的運用和創造語言的能力。學生在執行任務的過程中獲得與他人磋商、交流、協調、合作的練習機會和表現；並在完成任務的過程中生成、領會和應用語言知識和交際知識，發展聽、說、讀、寫等語言技能以及交際技能；發展了認知力、情感調控力及學習能力等潛能；培養自己發現問題、分析問題、解決問題的能力。Willis 提出實施任務教學法的五項原則：①提供有價值和真實的語言；②運用語言；③所選任務能激發學生應用語言；④適當注重某些語言形式；⑤不同階段側重點不同。他還設計了完成任務的三個階段：前期任務、執行任務和任務之後。曾文雄（2002）基於以上實施任務模式及商務英語的特點建立了一個任務實施模式用以發展學生的商務英語口語（見表 5.11）。前期任務的目的是疏通、突出與實施於任務有關的語言。首先，教師需要介紹任務的意義及重要性，激發學生積極參與的熱情。其次，我們可以以明示教學或隱性教學方式，為學生提供真實的預設任務練習，使他們獲得一定的語言知識以完成後續任務。前期任務能減輕學習者在執行任務中的心理負荷，緩解實際應用語言時的壓力。同時我們要求學生做好任務準備，準備即將使用的語言及要表達的意思，以獲得更準確、更流利、更得體的語言。執行任務期強調以意義為中心的活動，強調語言的產出，這是一個促進陳述性知識向程序性知識轉變的過程。這個階段應培養學習者處理問題的策略能力，結合自己的知識應對自然語言環境中的問題，幫助學習者運用得體的話語進行真實的交際。在這個階段，學習者參與正式的交互性活動，他們被要求以自我表現的方式完成協商性的任務。執行任務的最後階段是學習的總結階段，即任務之後階段，教師將對任務的效果進行評估和分析。教師可以根據學生對自己所承擔任務的排列、選擇、執行過程及任務與任務間的關係，發現要改進的地方，也讓學生了解要努力的方向，並在剩於的時間裡調整或重複任務。

表 5.11　　　　商務英語任務教學法任務實施模式

| 階段 | 方式 | 焦點 | 技巧 |
| --- | --- | --- | --- |
| 前期任務 | 以教師為中心 | 師生協商、選擇任務、主題與任務的介紹、語言輸入 | 注意、計劃 |
| 執行任務 | 以學生為中心與以學習為中心 | 強調意義的活動：小組討論、模擬活動、角色表演、口頭報告等筆頭或口頭交互任務 | 交互式、自我調整與表演 |
| 任務之後 | 鞏固與評估 | 任務的效果：流利性、準確性、得體性 | 匯報、測試、分析 |

情景教學法是由美國心理學家茨霍恩等人首先提出來的。20世紀60年代英國的外語教學大都採取情景教學法。情景教學法適合應用性強的課程，或是被教師用以模擬難以用語言或理論闡述來教授的技能。這種教學法主要採用情景模擬的手段營造逼真的工作環境，編制一套與某個將來要擔任的職務情況相似的測試項目，要求學習者處理可能出現的各種問題。這是一種仿真培訓方法，目的是使學生在親身經歷的過程中理解並建構知識、發展能力、產生情感、生成意義，是使學習者親身介入實踐活動，通過認知、體驗和感悟，在實踐過程中獲得新的知識、技能和態度的方法。情景模擬教學法的核心特徵是通過模擬情景鍛煉學生的應用能力，即通過讓學生扮演某個個體或群體中某個角色，在事先設置的情景中參與事務發展過程，並體驗事務發展規律與特徵，獲取相應的知識和技能，提高動手操作能力（戴國良、周永平，2010）。

在教學手段方面，現代化的科技手段為商務英語教學提供了多種輔助手段。商務英語課堂教學應該充分利用多媒體、網絡化的教學環境為學生提供多種知識建構形式。在課堂之外，學生們能夠通過瀏覽電子圖書、觀看國外電視節目、商務新聞、網絡公開課、網絡課堂大力拓展商務知識面，獲取商務技能。這些多樣性、趣味性的教學手段也能夠更大地激發學生的學習興趣，增強學習效果。

（4）搭建實踐教學平臺。商務英語學科的應用性決定了實踐教學在該學科教學中的重要地位。學生實踐能力的培養最常見的做法是「工學結合法」。這種方法最早出現在英國。此培養模式是通過學校和企業的雙向介入，把學生在校的理論學習、基本訓練與在企業的實際工作經歷有機結合起來，為學生提供一種既能順利完成學業，又能掌握一定專業工作技能，累積一定工作經驗和社會閱歷的教育模式。

目前，中國商務英語的實踐教學在「工學結合」人才培養理念的影響下，主要呈現為以下幾個形式：①商務場景模擬實訓。通過網絡信息技術我們就可以模擬各種商務活動的場景，學生可以通過參與其中的活動，獲得實踐經驗，並通過軟件系統的評價，對自己所學技能進行反思與改進。②學校與企業合作創辦校內公司或創建電子商務平臺，實現雙贏。此模式可以幫助學生掌握典型商務活動的工作過程且能克服企業工作空間拮據的問題，故而有學者認為此模式可以替代學生的校外「頂崗實習」。③組織學生到公司或其他商業實體「內部」進行認知實習。此模式使學生能夠體驗真實的商務環境，從而加深對就業崗位群的認識。④安排最後一學期為學生自尋企業進行「頂崗實習」。此模式是為了讓學生通過頂崗實習感受實際崗位的真實性、複雜性並獲得綜合性經歷和體驗。

為了能夠增加企業在「工學結合」方面的積極性，學校有責任向政府部門提出申請，爭取得到政府部門的政策支持。同時學校有責任設法予以調動企業的積極性，主要是從減輕企業的負擔這一角度採取一系列措施，其中最重要的是樹立「把困難留給自己，把方便留給別人」的觀念。這裡面涉及學校的有兩個任務：「校企合作」辦學關係的建立和學制設置的改革。

　　第一個任務，「校企合作」辦學關係的建立。「校企合作」是一種以市場和社會對人才的需求為導向的辦學運行機制，是學校和相關企業雙向參與的人才培養過程，也是一種通過利用學校和企業兩種不同的教學環境與資源，培養適合不同崗位的應用型人才的教學模式，它的基本內涵是產學合作、雙向參與。而目前商務英語專業實踐課程的最大難題是現實與理想的矛盾。許多高校為學生設計的實踐課程內容多為參觀企業生產和經營活動或為企業做一些簡單的工作。學校一般會在短短一周時間內，把大批學生集中到某一家企業進行實習。這不僅不能為學生提供適當的崗位，而且妨礙了企業的正常工作，使校企之間產生根本的利益沖突。在追求利潤最大化的今天，企業已經不肯花費時間與精力來應對來自學校的實習人員。

　　真正的「校企合作」意味著能夠為校企雙方帶來利益的雙贏關係。作為培養人才的主辦方，高校應主動出擊，同涉外企業達成合作協議並制定詳細的合作章程，規定雙方的權利與義務，讓合作雙方都能夠從中受益。學校能夠為企業提供的服務包括英語語言能力、生產管理、財務管理、市場分析與營銷等方面的員工培訓以及相關領域的理論指導，等等。同時，學校在實習內容、實習時間等的安排方面要尊重企業的管理規定，使學生的實習活動能夠為企業帶來一定的經濟效益。作為校企合作辦學的協辦方，涉外企業能夠從合作中得到很大的收益，自然對來自學校的實習人員持歡迎態度。他們的義務只有一項，那就是為學生提供全方位的實習機會與實習指導。

　　第二個任務，學制設置的改革。實踐教學時間的增加自然會使學生理論學習課時減少，影響書本知識學習。國外同樣存在這樣的問題。他們的第一種解決辦法是延長學制；另一種辦法是將學生的工作安排在暑假。學分制的設置使得延長學時成為可能，不過在中國由於目前條件尚不成熟，這種學分制並非屬於完全學分制，在學制時長、畢業時間上並未完全放開，為實踐課程而延長學時的做法還沒有先例。中國高校應盡快進行相應的改革。目前，把暑假安排進教學計劃是比較現實的改革方案。每年長達兩個月的實習活動對於企業來說已不再是一種「騷擾」，而是一種人力資源的補充。校企雙方均能從中受益：企業得到了具有專業理論素質的員工，同時降低了成本。學校為學生提供了良好的實踐機會。如上海工程技術大學在不影響教學課時的前提下將暑期適當延

長,學生通過4個暑期可以有半年多的真實工作經歷,畢業時學校給合格的學生頒發由學校和用人單位共同簽發的「實踐證書」,使學生在就業市場上取得了優勢。

(5)改進語言教材內容。科學系統的教材可以為教學提供條件,確保學生循序漸進地獲取語言+商務式的知識體系建構。應該避免單純訓練語言技能的教材。在現階段還沒有出現理想的、適合培養目標的教材之前,各學院可以在基礎階段把綜合英語和一些培訓國際商務從業人員的商務英語書籍結合起來使用。同時,應該呼籲教材出版單位盡快組織教材專家進行商務英語教材的編寫。編寫人員應該本著「實用性、層次性、綜合性和靈活多樣性」的原則,根據《高等學校商務英語專業本科教學要求》(試行)的人才培養要求和教學指導,遵循語言學理論、教學理論結合商務學科的知識體系來選擇素材用以編寫商務英語語言教材。

(6)改進課程考核體系。應該從三個角度對課程考核體系進行改進。①評價標準多樣化。改變以卷面成績為主要評價標準的現狀,把平時課堂表現和校內校外實訓、實踐課程的表現作為重要組成部分納入考試成績。②考試形式多樣化,除了筆試答卷外,還應該把撰寫論文、討論發言、課堂演講等各種形式納入考試形式。③規範試卷內容。構建每一門課程的試題庫。從學生知識構建角度和知識認知規律出發設計試卷內容、統一命題、科學管理。

### 5.3.4 構建科學的人才培養評價體系

除了微觀的課程考核體系以外,作為人才培養的主體,各個院校還需要一個更為綜合,更為宏觀的人才培養評價體系做出評判,為整個人才培養工作把握方向,這也是人才培養模式的重要組成部分。為了保證人才培養的質量,國務院頒發的《國家中長期教育改革和發展規劃綱要(2010—2020年)》明確提出要求,「開展由政府、學校、家長及社會各方面參與的教育質量評價活動」。2011年9月教育部提出建立「利益相關方共同參與的第三方人才培養質量評價制度」。第三方人才培養質量評價越來越受到社會的關注。人才培養質量第三方評價指標體系的構建,是強化教學質量監控工作的重要措施,有利於推進教學改革,更好地適應加入WTO後高等教育形勢發展的需要。商務英語專業教育強調培養人才的應用性、複合性、創造性、通用性,而幾方面的質量是否達到標準不能由人才培養者自己來認定。以學校及其主管部門以外的第三方為評價主體的人才培養質量評價方案可以客觀、全面地反應人才培養質量的高低。我們可以從用人單位、學生、社會幾個角度設計質量評價方案。

（1）用人單位對人才培養質量的評價。在第三方人才培養質量評價方案中，用人單位作為用人部門，對高校人才培養質量有著最直接的體會，最有發言權。為了兼顧評價的科學性與操作性，我們可以嘗試從四個方面進行用人單位評價指標的設計。首先要對思想道德修養進行評價。學生不僅要注重政治理論學習，保持理性思維和獨立思考能力，遵守黨紀國法和其他各項規章制度，還要具有職業道德和社會公德。愛崗敬業、樂於奉獻的精神對於一個職場人士來說是非常重要的個人素質，是為企業做出貢獻的基本保障。第二，專業知識水平，包括英語語言知識、專業基礎知識、學科基礎知識和專業領域知識。第三，個人能力，包括英語語言的實際運用能力、運用所學商務專業知識分析問題、解決問題的能力、動手實踐能力、運用新思維開創新局面的能力和跨文化交際能力。第四，綜合素質，主要從用人單位的角度對畢業生進行整體工作能力的評價，標準不宜硬性統一。

（2）畢業生對人才培養質量的評價。狄敏（2002）提出了「教育消費者」的概念。在市場經濟條件下，大學可以被看作一個投入—產出系統，教育消費者應該包括兩部分：學生和社會。學生是投入階段的消費者，通過投資，購買教育服務。社會則是學校產品的消費者（見圖5.1）。

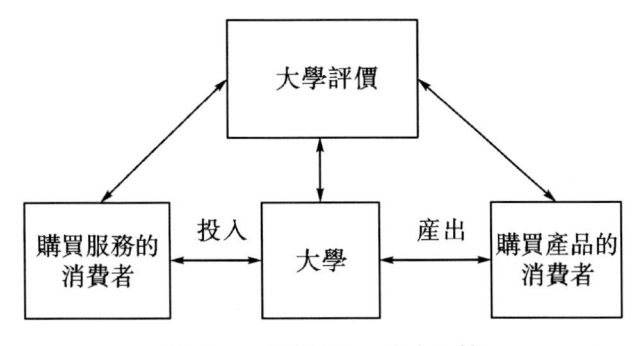

圖5.1　大學投入—產出系統

在中國市場經濟概念逐步完善與成熟的階段，人們正在強化「消費者至上」的意識。高等教育評價也應該以消費者（包括購買服務的學生和購買產品的社會）為導向，以教育消費者為服務對象，將能否滿足消費者的需求作為一項重要的指標。作為消費者，學生對商務英語教育服務的評價角度應該包含以下幾個方面：商務英語專業課程設置的科學性、合理性；師資配置以及教學質量；本專業培養過程管理的水平；校園整體氛圍和課堂教學活動的學風建設的情況；本院校對學生進行職業規劃、就業指導服務的質量。

（3）社會對人才培養質量的評價。社會評價側重於公眾評價或輿論評價。趙鐵和林昆勇（2004）為社會評價列出了兩個指標：一次簽約率和就業率。

「一次簽約率」指畢業生簽約人數占全部總人數的比例，該指標的統計周期一般為當年的 7 月份。一次簽約率的統計口徑既包括用人單位、學校、學生三方簽約的數量，也包括已被用人單位錄用的、未簽約但有正式函件的人數，同時，因被保送研究生和已考取研究生的畢業生不存在就業的問題，因此在統計時也一併記入簽約人數。一次簽約率能夠更為直接地反應畢業生的質量和社會對本專業人才的需求程度。「就業率」是指畢業生就業人數占全部總人數的比例。就業率除了包括一次簽約率的指標內容外，還包括繼續考研、不急於就業的人數和本人提出自主創業的人數。該指標的統計周期一般為當年的 10 月和 12 月。就業率反應了畢業生被社會的吸納和接受程度，也在一定程度上反應了社會對一個專業的評價。

　　在建立商務英語人才培養質量評價體系的過程中，除了評價方案的設計，同樣重要的是加強教育評估專家隊伍建設。作為教育教學質量評價的權威，評估專家在教育評估體系建立過程中，有著不可替代的作用。評估專家既要懂得教育教學規律，又要熟悉行業特點、就業趨勢，能夠客觀公正的做出判斷。同時，學校有責任聯合社會各有關部門成立這樣的評價機構，以便於讓自己的教育教學質量得到公正和公平的評價，使自己培養的人才突破限制，得到社會認可，同時學校也能夠得到更多的改進建議，使自己的人才培養工作更加科學合理。

# 第 6 章　商務英語學科建設與人才培養

## 6.1　學科的概念內涵

### 6.1.1　學科的定義

學科是人類認識和知識活動中針對認識對象，將自己的知識劃分出來的集合。學科是相對獨立的知識體系。目前，教育理論界所說的學科，一般指按研究生學科專業目錄所劃分的學科，包括學科門類、一級學科、二級學科、三級學科（研究方向）。

根據國務院學位委員會 1997 年 6 月頒布的新的研究生學科專業目錄（經 1998 年 10 月和 2005 年 12 月兩次補充修訂），現有學科門類共 12 個，包括哲學、經濟學、法學、教育學、文學、歷史學、理學、工學、農學、醫學、軍事學和管理學，有一級學科 89 個，二級學科 385 個。

在學術領域內，學科一般是指按科學性質劃分的門類，即科學技術中的一定領域或其分支。隨著科學技術的高等分化與高等綜合，不斷出現邊緣學科、綜合學科、橫向學科，等等。

在教育學中，學科一般是指教學的科目。孫忠才（1996）提出：在高等教育領域中，學科一般指為培養專門人才所進行的教學、科研所涉及或從屬的科學技術門類。

一般而言，學科與專業密不可分。但由於學科和專業劃分的角度不同，因而它們不是簡單的對應關係或從屬關係。專業的專指度高，學科的覆蓋面大，專業往往是某一學科在一定工程對象範圍內的應用。各校各專業的教學計劃，都是根據本專業對人才知識和能力的要求，以一個主導學科的知識體系為主線，有選擇有側重地綜合設置各類課程。高校中各專業的科學研究，則是在學

科分工和各自學術優勢的基礎上進行。因此，用學科來表述高校教學、科研和育人工作的特徵比較準確和科學。

### 6.1.2 學科與人才培養

學科是人才培養的基本單元，是科技成果的展現領域，是人才培養和科學研究的載體。大學的人才培養和科學研究都是在各個學科領域進行的，科學技術的重大發現及突破，對社會政治、經濟、文化、教育的作用，也是和某一學科的發展與創新休戚相關的。張雲（2002）在《關於高校學科建設與發展的認識及思考》一文中指出：「學科建設主要是以培養人為目的的一種社會、科技實踐活動，是一定社會、科技和經濟的反應，通過育人對社會、科技和經濟產生影響和作用。它受社會、科技和經濟發展水平的制約，同時又通過育人促進社會、科技和經濟的發展。」學科建設的重要目的就是育人，為此學科建設的各項工作都圍繞著培養人才這一目的而展開，育人自然也就成了學科建設的直接功能。

### 6.1.3 學科建設

學科建設是對人類認識對象和知識體系的拓展和創造，對現有組織體系的改造，其目的是不斷提高學科水平，形成人才培養、科學研究和服務社會的能力，它是一個涉及面極其廣泛的系統工程，貫穿於高等學校發展活動的始終。

學科發展的水平是學校發展水平的標志，學科的發展是提高學校辦學效益的基礎。抓學科建設可以推動教師開展科學研究，而科學研究的進展又極大地提高了教師隊伍的學術水平和教學質量（張慧明，1999）。如今，學科能力、學科的貢獻和學科的影響力已經構成高校核心競爭力的基礎，因此，學科建設在各高校發展中都處於龍頭地位。

《中華人民共和國高等教育法》（以下簡稱《高等教育法》）、《面向21世紀教育振興行動計劃》對高校提出了中、長期可持續發展的要求，更對學科建設提出了明確的奮鬥目標：創建一流學科，輸送高素質、高層次人才，貢獻創新性、標志性科技成果。

對於商務英語學科來說，其人才培養工作中的許多問題都與本學科的身份定位模糊有關。20多年的教學實踐並未使該學科獨立於應用語言學或應用經濟學之外獲得身份認可，面目非常模糊。在這種情況下，整個教學工作呈現出很大的隨意性，各個學校見仁見智，大都根據自己對該學科的理解進行辦學。

就業市場對本專業人才的規格和定位也沒有準確認識，這對於人才的就業是非常不利的。事實表明，學科建設工作是商務英語專業辦學院校的當務之急。

## 6.2 商務英語學科的發展現狀

### 6.2.1 商務英語學科的定位

對於商務英語的學科屬性、定位問題，學術界已有不少討論，可謂仁者見仁，智者見智。其中比較有代表性的主要有以下幾種：

（1）將商務英語看作是專門用途英語的一個分支，商務英語又可分為商務學術英語和商務職業英語兩個分支（Hutchinson & Alan Waters, 2002）。

（2）按「經濟學—應用經濟學—國際商務—國際商務英語」這一順序把它列為其中的三級或四級學科。

（3）設在語言學一級學科門下，按「語言學—（英語）應用語言學—專門用途英語—國際商務英語」這個分級層次，可以把商務英語劃歸為語言學門下的一個四級學科（林添湖 2005）。

（4）也歸屬於語言學科之下，按照語言學（一級學科）—應用語言學（二級學科）—英語教學（三級學科）之下的商務英語學科（四級學科）（對外經濟貿易大學商務英語理論研究小組，2006）。

儘管對於商務英語的確切定位有著細微的差別，多數商務英語教學人員和學者認同商務英語是應用語言學下屬學科的觀點，但同時認為商務英語應該成為一個擁有相對獨立性的學科。陳建平（2009）認為由於商務英語正是語言學與國際商務學科兩者有機結合而產生的一個邊緣性語言學科，因此，它可屬於二級學科應用語言學之下的一個三級學科，與社會語言學、心裡語言學、數理語言學、法律語言學等分支學科並列。從學科角度而言，隨著該學科的不斷成熟和完善，將來「商務英語」有可能發展和升華為「商務語言學」或「經濟語言學」，與應用語言學相提並論。

### 6.2.2 商務英語學科的出現——社會需求的必然

在商務英語專業發展的初始階段，還談不上商務英語的學科地位，社會和市場對商務英語人才的要求相對較低，他們主要從事外貿業務中的語言翻譯工作。當時公司內部的人員分工十分具體細緻，業務、翻譯、秘書和司機都由不

同的人負責。而且商務英語人才的翻譯工作也相對簡單，主要涉及業務談判過程中的價格、支付和運輸等內容，因此，商務英語人才的培養僅靠幾門課程就足夠應對社會的需求了。但隨著中國經濟改革的深入和經濟全球化步伐的加快，社會和市場對商務英語人才的要求發生了質的變化，已從單一的語言翻譯能力要求發展到綜合素質要求以至於全方位複合性知識和能力的要求，而且市場對這樣的商務英語人才的需求非常旺盛，今后也將保持這種強勁的勢頭。

全球化導致中國各行各業與其他國家更深入的合作。要想在這些合作中獲益必須遵守國際規則，懂得如何與世界溝通。商務英語專業就是在中國經濟迅速崛起於世界的背景下應運而生的。商務英語人才主要將從事跨國投資、跨國訴訟、跨國貿易、跨國管理等領域的信息調研、商務演講談判、商務法律寫作和翻譯等工作。從事這些工作的人才需要較強的英語調研和溝通能力，需要通曉相關商務專業知識，熟悉外國文化與國情，要集中合英語專業和國際商務專業人才的雙重優勢。與外語專業學生相比，商務英語專業學生還掌握了專門商務基本理論、基礎知識和業務技能；與國際商務專業學生相比，商務外語專業學生具有更高的外語應用水平和更強的跨文化交際能力、中外文化素養、外國國情知識。

如今，商務英語人才的培養顯然已不能再靠幾門課程解決問題，而是需要有完整的、系統的課程體系來支持，需要有行之有效的教學方法和手段，更需要有全新的教育理念。這就是商務英語學科產生的歷史背景和社會需求動因，也是商務英語學科建設與發展的原動力。因此，可以說商務英語學科的發展是順應了社會發展的客觀要求，具有旺盛的生命力和光明的發展前景。

### 6.2.3　學科建設——商務英語專業發展的依托

專業是學科承擔人才培養職能的基地。任何一所大學培養的人才的質量，都取決於這所大學的學科水平，因此學科建設是專業建設的基礎。這是高等教育的一條基本原理（馮向東，2002）。

首先，高等教育學科建設能夠確保高校所培養的人才在知識儲備及綜合素質方面可以滿足社會的需求。這類學科建設不僅涵蓋著實驗、實訓基地與課程等相關實踐能力提升設施的建設，而且也包括學術能力培養等方面的綜合理論建設。師資隊伍不僅要保障正常的學術科研活動，而且同時也在教學水平的提升方面投入相當大的精力，因而也使得人才培養具有了堅實的基礎。

其次，高等教育學科建設對於高校專業人才快速適應社會具有促進作用。盡管高校融合了社會上較具前沿性的理論知識與技術知識，並且能夠培養出高水平

的具備綜合性知識儲備的人才，但這些人才能否快速適應社會環境才是對高校人才培養的一種檢驗標準。這種對社會的適應性恰恰能夠從學科建設工作當中得到保證。較為有效的學科建設體系不僅把確保高校在該學科的理論發展當中具備前沿性能力作為目標，而且也把自己在經濟社會的發展中培育出可適應環境的人才作為重要的目標，最終確保人才價值的順利體現，更好地服務於社會。

近年來，商務英語專業在規模擴張的同時忽視了專業建設工作，導致了發展的失衡狀態，主要原因在於學科理論體系的缺乏和物質支持的不足。商務英語學科建設就承擔了為商務英語專業建設提供理論與物質支持的任務。學科建設工作能夠為商務英語專業發展提供的基礎包括下述幾個方面：高水平的師資隊伍、教學與研究基地、包括學術能力培養等方面的綜合性理論建設。

### 6.2.4 商務英語學科建設研究的對象

商務英語學科建設的出發點和歸宿都是「教學和人才培養」。中國的商務英語學科是在社會需求推動及 ESP 理論指導下創立和發展起來的。在發展過程中，我們對商務英語這個核心概念的認識逐步深入、不斷完善。概括地講，我們對商務英語採用了兩種不同的認識路徑。一種是把商務英語當作「專門用途英語」（English for specific purposes）教學的一個分支來看待，另一種是從「商務話語」（business discourse）的視角來認識商務英語，把它看作英語在商務領域和活動中的使用。兩種路徑各有自己依賴的理論概念和研究方法，揭示了商務英語的不同側面。

作為一門學科，商務英語的研究可大致分為理論性研究和應用性研究兩大類。理論性研究主要針對商務英語學科的基本理論問題探討，比如，商務英語的學科內涵、基本原則、研究方法、商務英語與語言學、經濟學、管理學、社會學、教育學等其他學科之間的關係問題等；應用性研究主要指商務英語基本理論在商務英語教學、翻譯等具體實踐中的運用。而就其具體研究領域而言，則主要包括：①商務英語語體研究。主要運用語言學理論研究商務英語的語義、語用、語篇、修辭等方面的特殊性及其變化規律。②商務英語話語研究。主要運用語用學、跨文化交際及話語分析等理論研究商務談判話語機制及其言語行為變化。③商務英語翻譯研究。主要運用語言學理論研究各類商務文本翻譯的特殊性及其規律。④商務英語教學研究。運用語言學、語言經濟學、教育學等理論研究商務英語教學的人才培養模式、教學理念、課程設置、教學大綱、教學內容、教學方法、教學評價、教材編寫、師資建設等方面的內容。⑤跨學科研究。主要研究語言學與經濟學、管理學、社會學、教育學、文化學

等相關學科之間的關係以及因交叉、結合而產生的一些跨學科性問題,比如,商務英語的經濟學研究、經濟學中的語言問題研究、國際商務文化研究,等等。

### 6.2.5 商務英語學科發展中存在的問題

#### 6.2.5.1 發展規模缺乏理性

當談到高校中任何一個學科的發展規模時,主要是指以學科知識為內核的相關辦學專業的發展規模,尤其是其招生規模。在研究、制定一個學科/專業的發展規模時,必須在國家教育事業整體規劃的統一指導下進行。這一點,商務英語學科不但不能例外,而且還有必要特別予以強調(林添湖,2010)。

商務英語學科創辦伊始具備了自己獨特的競爭優勢——英語+商務的複合型人才培養模式。這也是商務英語學科的核心競爭力的重要組成部分。王關富、劉麗(2012)把商務英語學科的核心競爭力定義為:在充分利用自身交叉學科特色的基礎上,通過有效整合學科各種資源與能力所形成的一種能夠確保本學科在市場和學科競爭中,不斷獲取可持續發展的具有明顯優勢的獨特競爭力。例如,像優質的生源、複合背景的師資隊伍、關鍵的教學設施等學科資源必須有一個持續穩定的供應來源,而這種供應來源又需要通過優質的教學質量和效果、良好的社會聲譽和品牌效應、高效的教學管理等得到保證。

然而,正是由於商務英語專業畢業生在就業市場中顯示出的競爭力使得越來越多的院校不問自身的辦學條件,盲目地攀比著開辦了這個新專業,盡管當時所用的名稱不盡相同,在課程設置和教材的使用方面也各行其是,但是,由於適應了國內外經濟與貿易大發展的要求,所以,各地、各校培養出來的層次高低不一的畢業生倒還頗受社會和用人單位的歡迎。在過去30多年中,中國已經有近2000所公辦或民辦的、本科或高職高專的院校開辦了冠之以各種不同的名稱和「身份」的商務英語專業。其中的不少院校盡管辦學條件參差不齊,人才培養目標不盡相同,所開設的課程可以稱得上是「五花八門」,但在考慮招生規模時卻都持「越大越好」的態度,以至於各地方院校商務英語專業多年來只考慮學生數量的擴大,較少考慮教育資源的質量。這種現象一方面反應了辦學單位為國家和社會培養複合型英語人才的熱情和積極性;另一方面,卻也反應出這個新生專業的發展在一定程度上還處於科學宏觀管理缺位的無序狀態。在這種情況下,如果不重視在宏觀上對這個專業的發展規模加以必要的、科學有效的管理和控制以及合理的規劃,那就可能造成以下兩方面的不良后果:一是招生規模越來越大,造成國家辦學資源的嚴重浪費;二是由於不少辦學單位辦學條件,尤其是合格的師資隊伍沒有保證,無法保證教學質量、

無法落實學科的人才培養方案，結果可能是無法為國家和社會培養和輸送合格的複合型英語人才。

　　商務英語專業的核心競爭力面臨著「是否具有可持續性」的挑戰。從長遠來看不容樂觀，因為此時此刻，國內經、管、法類專業普遍開始重視並加強了英語教學，同時海外歸來的留學生也大量集中在商務英語這個「熱門專業」。商務英語專業必須根據國家教育事業的需要和人才培養的整體規劃，根據中國高校外語教育的整體發展計劃，尤其是對外語人才、複合型英語人才的培養規劃，客觀地、理性地制定或調整商務英語專業發展規模，尤其是招生規模，以防止和避免上述不良后果的出現。

### 6.2.5.2　理論建設不足

　　多年來，商務英語辦學單位把主要精力用在擴大辦學規模和創造辦學的社會效益和經濟效益上，忽視了學科的理論建設和高層次的理論學術隊伍建設，以至於在轟轟烈烈地辦學 20 多年之后才發現：要把國際商務英語學科發展、建設成為中國高校的一門比較成熟的獨立學科，培養出高素質的優秀人才，還有許多必備條件等待著我們去努力創造和完備。

　　辦學實踐得不到應有的理論指導，就會存在一定的盲目性。也就是說，國際商務英語學科的理論建設嚴重滯后於辦學實踐方面的發展勢頭，二者之間出現了「失衡」的局面。這種「失衡」導致的后果是：我們對國際商務英語學科的研究對象和研究任務長期缺乏明確的認識，辦學質量急待提高，學術隊伍有待於整合與壯大。在相當長的一段時期中，中國高校的國際商務英語學科是在上述的「失衡」狀態下運轉的。

　　重溫該學科過去已有的學術研究成果，我們不難發現：在這些學術成果當中，有關教學的反思性論文占了很高的比例，而關於學科建設，尤其是學科理論建設的論文比例卻比較低，而且論文的理論深度也有待提高。在這些論著中，有關商務英語學科建設的關鍵性概念上，還存在著不同的認識、歧義。也就是說，對這些概念含義的認識還存在一定程度的模糊甚至混亂。這種狀況說明我們理論研究的基本功還不夠扎實，而正是這種不夠扎實的基本功會拖我們研究工作的后腿，對於學科未來理論研究的「質的提升」是很不利的（林添湖，2010）。

　　所以，我們現在面臨著一個對學科理論進行整頓、提高的艱巨任務，以爭取一個平衡發展的新局面。可以說，加強理論建設是中國高校國際商務英語學科繼續發展的根本出路。這就要求我們在進一步明確學科研究對象的前提下，把國際商務英語教學界的專家、學者和廣大教師的學術目光統一起來，把研究資源整合起來，加強對商務英語的理論研究和學科理論建設。

## 6.3　商務英語學科建設建議

### 6.3.1　建設商務英語學科本體性

#### 6.3.1.1　商務英語人才培養的學科範式性

商務英語是一門交叉學科。交叉學科是伴隨著人類社會生活的複雜化、交往全球化和學科之間的跨界性互動而形成的一個個跨學科領域。而不同的學科交叉又往往以其中某個構成學科為母體學科，或稱為主導學科，再加上理念上的差異和資源條件的不同，社會需求的不同，交叉學科常常呈現出多種範式（樂國林，2010）特徵。例如，由經濟學學科分化而來的經濟法專業，其人才培養範式帶有更多的一般經濟學學科特徵：法制服務經濟活動、經濟類課程主導、師資結構經濟學化、經濟類實踐教學資源更為充分；而由法學學科分化而來的經濟法專業則更多地打上了法律的烙印：研究領域更注重經濟的「合法性」、法學課程占主導、師資結構法學化、法律類實踐教學資源更為充分。這樣看來，從經濟學和法學分別衍生出了「經濟學式的經濟法專業」和「法學式經濟法專業」兩種不同範式的跨學科專業。

商務英語即是英語語言學科與經濟類和管理類學科交叉形成的一個跨學科專業，旨在培養國際商務從業人員。但英語語言學與經濟類或管理類的結合也可能被視為管理類或經濟類學科的分支學科。根據國內商務英語專業的學科設置和專業教研文獻，我們發現，國內國際商務專業人才培養總體呈現三種典型的學科範式：語言學（以英語為主導）範式、經濟（貿易）學範式和管理學範式。通過把三個不同院校培養國際商務人才的課程體系及教學體系進行比較，三種不同學科範式下的人才培養模式各具特色（見表 6.1）[①]。

（1）語言文學範式的國際商務人才培養。培養理念強調國際商務人才的語言技能、熟練地運用理論知識分析問題、解決問題和處理各種外貿實務的能力。因而，其課程體系的主體依然是語言訓練，特別是必修課環節更強調語言的基礎性和決定性；雖然在選修課環節加強了經營管理專業課程的比例，但是語言文學特徵依然很明顯。在學生實習實訓環節，絕大部分實踐課程和實習活動也是關注商業環境或跨文化環境中的語言的準確運用。這一範式的培養模式可以簡化概括為「大語言+商務貿易+管理」模式。

---

[①] 樂國林在《中國國際商務人才培養的三種學科範式及其問題》一文中對三種國際商務人才培養範式的課程體系進行了梳理。

表 6.1

|  | A 大學<br>商務英語(國際商務) | B 大學<br>國際商務專業 | C 大學<br>國際商務專業 |
|---|---|---|---|
| 母體學科 | 英語語言文學 | 經濟學/國際貿易 | 工商管理 |
| 授予學位 | 文學學位 | 經濟學學位 | 管理學學位 |
| 主干課程 | 綜合英語、英語日語、英語寫作、商務英語、英語翻譯、英語函電、英語聽力、國際貿易、國際商務管理、國際市場營銷、經濟學原理、國際金融、國際結算等 | 宏觀/微觀經濟學、政治經濟學、國際經濟學、國際商務、國際貿易、國際貿易實務、財務會計、國際商法、跨國公司經營、國際經濟合作、商務英語、國際金融、外貿運輸與保險、國際稅收等 | 宏觀/微觀經濟學、國際經濟學、國際金融、管理學、會計學、財務管理、國際商法、物流管理、國際貿易理論與實務、國際商務管理、組織行為學、商務英語、市場營銷、國際結算、國際投資、國際企業管理、電子商務等 |
| 主要必修課 | 英語聽力、英語閱讀、綜合英語、英語口語、英語寫作、商務英語、英語語言學導論、國際貿易、國際市場營銷、經濟學原理、國際商務等 | 宏觀/微觀經濟學、政治經濟學、國際經濟學、國際商務、國際貿易、管理學、國際商法、國際貿易實務、財務會計、國際金融、商務英語、經貿英文寫作、市場營銷、外貿函電等 | 宏觀/微觀經濟學、國際經濟學、國際金融、管理學、會計學、財務管理、國際商法、國際商務管理、組織行為學、商務英語、市場營銷、國際投資、國際企業管理、管理信息系統、電子商務等 |
| 主要選修課 | 英美文學選讀、第二外語、國際商法、國際金融、國際結算、財務會計、國際商務談判、英語函電、高級英語、英語口譯、報刊英語、語言與文化、英語詞彙學等 | 跨國公司經營管理、國際商務談判、外貿運輸與保險、國際物流、海關報關實務、國際結算、國際經濟合作、國際稅收、區域經濟、產業經濟學、國際貿易案例與實務、企業戰略管理、英美報刊選讀等 | 跨國人力資源管理等、國際市場營銷、物流管理、國際企業財務管理、商務溝通、國商務談判、外貿函電、跨國公司戰略管理、國際結算、市場調查與預測、財務分析、國際貿易慣例與規則、產業分析、生產管理等 |
| 師資結構 | 語言學師資為主，經濟管理類課程由語言學教師兼課，或通過從本校內外引入少部分專業師資擔任 | 經濟和貿易師資為主，管理、語言課（含雙語課）由本專業教師兼課，或者通過從本校內外引入少部分專業師資擔任 | 管理學師資為主，貿易、語言課（含雙語課）由本專業教師兼課，或者通過從本校內外引入少部分專業師資擔任 |
| 培養說明 | 多數高校該專業實行全英文授課；實習實訓更注重語言技能培養 | 多數高校專業課中選擇3~5門課程實行雙語教學；實習實訓更注重貿易操作技能形成 | 多數高校專業課中選擇3-5門課程實行雙語教學；實習實訓更注重經營管理操作技能形成 |

（2）經濟學範式的國際商務人才培養。這類範式的形成一般脫胎於經濟學和國際貿易的學科基礎。其培養理念強調貿易活動的可管理性和語言技能的迫切性，對貿易人才知識結構的理解有別於國際貿易學科中對貿易事務和貿易規則本身的過度關注與強調。但由於其多數脫胎於經濟學科，因而，課程體系中帶有經濟學特徵和強調貿易運作能力的課程占了半數以上的比例，而且多數置於必修課環節。當然，這一範式課程結構中居於次主導地位的課程則是管理類課程，對貿易活動中的組織管理給予了更多的關注。再次則是語言訓練和法律規則的教育。在學生實習實訓環節，則更強調學生貿易實務技能，包括報關、貿易操作、貿易跟單、物流、外銷等實戰能力的培養。這一範式的培養模式可以簡化概括為「大貿易+管理+語言+法規」模式。

（3）管理學範式的國際商務人才培養。這類範式的形成來自於原有工商管理學科對跨國公司的跨國業務和跨國投資的關注。其培養理念強調工商管理人才具有適應全球市場競爭和公司跨國經營/營銷的跨國管理能力。其課程體系的主導結構當然是管理學，但其課程有三種擴展：一是管理的國際化，許多管理的基本課程紛紛「國際化」，增設國際管理專項課程，例如，從財務管理變為國際企業財務管理；二是企業管理與貿易管理的接軌，大量增加國際貿易課程；三是管理語言的國際化，在管理和貿易課程體系中強化外語教學。在學生實習實訓環節重視貿易操作技能訓練，但更重視商務人才管理能力的養成，例如：財務分析能力、投資分析能力、營銷能力等。這一範式的培養模式可以簡化概括為「大管理+貿易+語言+法規」模式。

這三種人才培養方式反應了培養國際商務人才的三種範式特徵。這三種範式基本上都抓住了國際商務人才的關鍵能力：通過納入其他範式的培養單元，使其培養的人才適應各種國際經濟活動，勝任多種商務管理工作，具備較強的人才競爭力。不過，三種學科範式在人才培養方面又都存在著核心能力不突出、整體能力偏弱的現象。由於學科涉及的領域比價寬泛，現階段師資力量明顯不足，語言學範式下培養的學生呈現語言極化，商務管理能力弱化的趨勢。要先克服這個弱點，必須從學科本體性建設角度出發，重新調整人才培養模式。

#### 6.3.1.2 商務英語學科本體性的建立

語言學學科範式的商務英語教學現狀體現出了商務英語學科建設與其學科交叉發展的不相適應的現狀。這使得商務英語師生陷入一種發展的「困境」，這種狀態最顯著的表現就是他們難以為其在本學科的實踐和努力找到價值參照，對自己的學科身份感到疑惑，在專業發展上阻力重重（胡劍萍，2011）。商務英語師生是其學科建設和發展的主體，他們因學科發展現狀而產生的身份

困惑反過來又從多方面對學科發展產生不利影響。

對於任何一個學科專業要發展壯大成為獨立的一門科學，就必須有自己的核心知識、核心課程、核心概念、學科體系、共同的專業語言、專有研究領域、專業規範，只有這樣該門學科才有發展前途，其人才培養才容易被社會識別和認可（樂國林，2010）。商務英語學科發展亦是如此。商務英語需要構建本體性學科範式，關鍵在於構建一個商務英語理論體系的共同核心，即需要建立獨立的商務英語理論體系。

張佐成（2008）將中國研究商務英語理論體系研究的視角歸為三個類型：專門用途英語視角，社會功能變體視角，以及學科專業視角。在商務英語學科建設活動中，我們有必要從學科專業視角來建立商務英語理論體系，用以指導商務英語教學以及科研活動。商務英語學科的建設必須從身份構建出發，早日突破英語學科模式，為商務英語學科主體性的建立提供適應其學科交叉發展要求的專門制度與組織，建立以學科交叉發展為導向的資源配置、組織管理、隊伍建設、學術評價與交流機制等等制度安排。儘管目前我們在全國範圍內還沒有形成有關商務英語學科身份統一的認識，但一些學者與專家的探索值得我們借鑒與吸收。

無論從專業建設的角度還是人才培養的角度，具有本體性的獨立學科理論體系是商務英語專業的安身立命之本。林添湖（2014）認為商務英語學科獨立性的要求是人類社會發展和學科發展的必然。國際商務活動中跨語言溝通問題、跨文化交際問題以及跨學科研究的需求都決定了商務英語必然屬於某個獨立於語言學文學以外的學科。林添湖（2014）認為商務英語應該成為應用語言學的一個分支學科——「商務語言學」的下游學科——「商務英語語言學」。「商務語言學」這一概念的提出一是緣於國際商務領域中廣泛使用的商務語言本身具有突出特點和豐富內涵；二是緣於其研究對象和研究領域的突出特點賦予其較明顯的獨立性或特殊性。這些現實情況使得商務語言研究同其他相關研究領域之間形成了一個相對明顯的學術邊界。從這個意義上講，「商務語言學」這一概念的提出在學理上並無問題。商務語言的突出特點與豐富內涵足以支撐將商務語言的研究領域發展、構建成為應用語言學範疇內一門獨立完整的交叉型應用學科。

「商務語言學」的概念，從狹義上說，是在應用語言學範疇中一門由商務和語言兩門學科的概念、理論和方法論交叉融合而成的獨立分支學科；從廣義上說，是現代語言學的一門新興交叉型應用學科。它集語言學、經濟學、管理學等三大學科門類的理論和研究方法於一身，融合了跨文化交際學、社會語言學、語言經濟學等諸多學科以及國際商務研究、人力資源研究等諸多研究領域

的理論和研究方法。商務語言學將主要圍繞商務語言的本體性研究方向、應用性研究方向和人格化研究方向三個方向開展理論性和應用性研究。商務語言的本體性研究方向是指圍繞語言在跨文化商務活動中的應用特性與功能開展研究；商務語言的應用性研究方向是指圍繞語言在跨文化商務活動中的應用策略與技巧開展研究；商務語言的人格化研究方向是指圍繞如何培養商務人員在跨文化商務活動中以及商務語言教學人員在教學活動中跨學科、跨語言、跨文化方面的個人語言修養和人格魅力開展研究。這樣一來，商務英語學科的教學與研究即使仍然屬於語言學範疇，但與英語語言文學學科有了清晰的界限，擁有了自己的獨立性。然而，在以語言為中心的學科理論體系下，人才培養工作仍然難以避免語言極化，商務能力弱化的缺陷。

與此同時，其他學者也對商務英語的學科取得獨立地位做了深入的研究，值得關注。曹德春（2012）依據美國商務溝通學（Business Communication）領域裡的標誌性成果之一，跨文化商務溝通概念模型（AConceptual Model for Intercultural Business Communication），建議中國商務英語學科理論體系將商務溝通作為核心。該模型的創立者 Iris Varner（曹德春，2000）認為，在國際商務溝通過程中，溝通策略（包括語言）、商務策略和跨文化因素，都是缺一不可、密不可分、互為因果的。基於這個模型，中國的商務英語學科的理論體系可以涵蓋四個子系統：英語語言教育理論、國際商務溝通理論、跨文化交際理論、國際商務理論。這四個理論子系統分別支持不同的教學目標：英語教育理論支持英語語言基本技能的教與學；國際商務溝通理論可以塑造商務英語學科的核心競爭優勢；跨文化交際理論和國際商務理論可以引導商務英語教師和學生對於國際商務溝通的兩個環境因素——「文化」和「商務」的理解和把握。

曹德春倡導的商務英語理論體系，主要研究範圍是國際商務溝通理論，次要研究範圍是：英語語言教育理論、跨文化研究理論和國際商務理論。換言之，在這個理論體系中，國際商務溝通子系統是商務英語理論體系的共同核心，它包括溝通的三個層面：人際、組織內部和組織外部（公共關係）。人際層面的國際溝通是共同核心的核心；其餘三個子系統都是整個理論體系的外部支持理論，每一個外部支持理論又各有核心理論和基礎支持理論或外部支持理論。英語語言教育子系統的核心理論是二語習得理論，基礎支持理論是語言學和教育學。跨文化研究子系統的核心理論是民族文化理論，外部支持理論是企業文化理論和行業文化理論（如工業制造、娛樂、金融等行業文化）。國際商務子系統的基礎支持理論是經濟學、管理學和法學，外部支持理論是個變量，各高校可根據自己的學科定位和資源來確定研究方向（比如：國際貿易方向、國際旅遊方向、國際人力資源方向或國際金融方向，等等）和研究範圍，核

心理論是國際營銷學，因為無論學科定位怎樣變化，國際營銷學都是必不可少的（見圖6.1）。

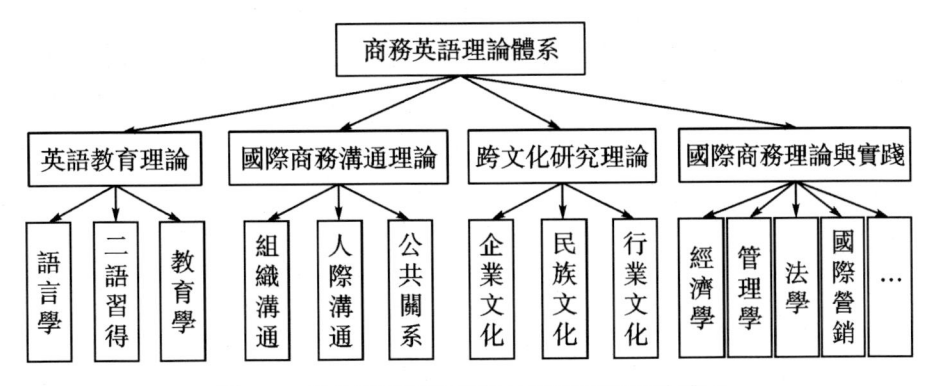

图6.1 基於國際商務溝通的商務英語理論體系

該理論體系具有兩個特色：跨學科整合和國際化。這充分體現了《高等學校商務英語專業本科教學要求》對人才複合化和國際化的要求。

首先，跨學科整合賦予了商務英語學科獨立的學科屬性。商務英語學科的顯著特色在於語言學科和商務學科之間的交叉性，這是中國商務英語學界的共識。現有的三個商務英語理論體系，林氏（林添湖）、翁氏（翁鳳翔）和張氏（張佐成）體系都將「語言」和「商務」納入了自己的研究範圍。不過「商務」的範疇卻基於商務語言的使用和教學，並未脫離語言學的範疇。而基於商務溝通的理論體系將人際層面的國際商務溝通確定為整個體系的共同核心，此外，再延伸出兩個次核心：組織溝通和公共關係。這種跨學科整合不僅整合了美國商務溝通學的學術視野，而且整合了管理溝通（管理學）和公共關係（傳播學）的學術視野。在整個理論體系中，還將英語教育理論、跨文化交際理論、國際商務理論作為三個子系統（支持理論）一併納入研究視野。

其次，國際化色彩反應了學科的核心特徵。眾所周知，使用英語的商務活動通常是國際化的活動。因此，該理論體系的四個子系統中有三個都強調國際化特色。在共同核心子系統中，研究的重點是國與國之間的商務溝通。在跨文化研究子系統中，關注的重點是民族文化（或國別文化）之間的異與同；在國際商務子系統中，研究的重點是國際營銷學。所有這些管理與實踐活動都具有鮮明的國際化特色，都是構成商務英語理論體系整體國際化特色的重要組成部分。

該理論體系構建的設想，對國際商務各種實務活動進行了分解、提煉並重新整合，提煉出獨具特色的國際商務人才核心能力結構和國際商務核心知識點。這是國際商務本體範式建設和國際商務學科發展的基點所在。該理論體系

的基本思想是商務英語專業作為應用性很強的學科，應當圍繞應用而不是英語語言文學的母體學科來建設學科體系。

商務英語母體學科眾多，每個母體學科都有龐大的知識結構，這種複雜性既是商務英語的優勢，同時也增加了國際商務學科發展的難度。以國際商務溝通理論為基礎的理論體系為學科理論建設明確了範圍，區分了主次，使得商務英語學科的輪廓更加清晰可辨，也使人才培養工作的方向更加明確。盡管尚未取得理論界的一致意見，但這一理論框架的建立有著非常重要的意義，很可能意味著商務英語本體性學科體系雛形的誕生。

### 6.3.2 加強科學研究

#### 6.3.2.1 學科梯隊建設

學科建設包括四方面內容：學術隊伍建設、科學研究、人才培養和支撐條件建設，它們既是學科建設的內容，又是學科建設的目標，互相促進，缺一不可，共同促進學科的學術水平不斷提高（王鵬等，2010）。其中，學術隊伍的建設是四個方面的主導因素。

目前國內的商務英語教師隊伍的組成基本上是經過自學的、以英語語言文學為專業背景的教師或者具備一些國際商務背景的教學人員。他們的優勢是英語語言能力強，但在國際經濟學、管理學、商務法學、金融學等領域的專業知識方面比較欠缺。研究能力更局限於英語語言文學與教學領域，並且缺乏實踐經驗與能力。

目前，商務英語科學研究的形式主要是單兵作戰，屬於低水平的、手工業的研究方式。現代化的研究課題，往往具有較強的學科上的綜合性，涉及面寬，工作量大，這都不是哪一個人能夠勝任的。即便對於某些可以單獨從事研究的學科，在研究的深入程度和成果的豐富程度上，採取互相配合、合作或分工協作的方式會比單兵作戰具有不可比擬的優越性。因此，從事同一學術領域研究的人組織起來，形成一個整體，乃是現代科學研究發展的需要。商務英語教師承擔著培養學生、發展學科的任務，在開展科研工作時，也要組織起來，形成一個整體。學術梯隊就是適應這種形勢的需要發展起來的教師組織形式。商務英語學科要長久發展，要保持所培養人才的競爭力，就要有學科梯隊的科研工作做保障。

商務英語學科帶頭人的遴選和學科梯隊的發展是學科建設的核心環節。高質量梯隊的構建和發展是重點學科建設的中堅力量。學科梯隊由學科帶頭人引領，組成成員主要為學科骨幹成員，在相應學術領域內充分開展科學研究。教

學與科研工作是學科建設的日常事務。學科梯隊骨干必須經常通過外出進修學習，參加國內外重要的各類學術會議提升其整體素質。學科的長久發展必須依靠一支職稱構成、年齡層次、知識構架和學緣分布科學合理的學科梯隊，要通過承擔各級各類科研課題，鍛煉提高其業務水平，使學科保持良好的可持續發展能力。由於商務英語學科是一門應用性極強的學科，社會實踐和調研能力有助於教師在了解現實世界商務實踐的基礎上，更有針對性地講授跨文化商務交往中所涉及的商務語言知識及專業知識並進行相關的研究工作。因此商務英語教師隊伍更應該在理論研究與實踐研究上做到人員合理搭配，既不能脫離實踐，又不能沒有理論研究的支持。

6.3.2.2 商務英語學術研究

科學研究在高校發展，尤其是學科建設發展中具有舉足輕重的地位。第一，科學研究的主要任務之一是尋找自然界各種事物發展變化的基本規律，發現新事實、新規則、新的科學基本原理，並形成學科基礎理論，用於指導科學技術以及社會的發展。因此，科學研究工作在學科建設中居於重要地位，是學科建設的核心內容。第二，科學研究是評價學科建設的重要指標。學科建設成效需要通過學術水平、科研成就等指標反應，在高校學科建設中，科研項目、科研成果及科研經費是評價學科建設水平的重要指標。第三，科學研究與學科建設互為基礎，相互促進，相輔相成。只有通過科學研究才能使傳統學科得到改造和發展，使其發揮學科優勢，保持競爭力。也只有在科學研究中，才能形成新的學科體系或交叉學科體系，並在傳統學科及其他新興學科的基礎上向縱深拓展，派生出具有更強生命力的學科。

商務英語學科是基於社會需求和 ESP 理論視角發展壯大起來的新興交叉學科。學科發展的目的是為了培養具有實踐能力的應用型人才。這決定了該學科學術研究應該在理論研究的支持下更突出實踐性色彩。商務英語的理論研究主要集中於學科理論體系的創立和商務語言的規律性研究。而商務英語實踐性研究主要集中於三個實踐領域：教學研究、語用研究和跨文化商務交際研究。

（1）教學研究。商務英語教學研究主要就是運用現代語言學和教學論的一系列基本理論，以及本學科理論研究中所抽象出來的其自身特有的理論，去探討和解決商務英語教學實踐與行業實踐中所存在的問題和矛盾，使商務英語教學更具針對性和科學性，以降低商務英語教學的各項成本、提高商務英語教學的整體效益。現代教學論主張用整體的動態觀點來研究教學現象，注重對教學進行全過程、全方位的研究。所謂用動態的觀點研究教學現象，就是把教學看作是一個不斷發展變化的、不斷運動著並和其他系統相互影響、相互制約的巨大系統。只有以動態的觀點來研究教學現象，才能從各種變化中去把握錯綜

複雜的教學本質，才能使教學理論的研究更深刻、更全面和更科學。商務英語教學研究主要集中於教學思想、課程設置、教學方法、教學手段、教學評估、師資建設等方面的研究。

（2）語用研究。商務英語語用研究主要是研究商務語言和商務語境、語法和被編碼的語言之間的某些關係。語用學是研究「言外之意」的學科（林添湖，2005）。「語用學」是研究語言運用的，就是研究如何把語言運用得更恰當、更得體。在國際商務語境中，語言使用的得體以及語言使用的效益與成本是很重要的。商務英語語用研究有助於學習者增強商務交際效果，保障商務活動的順利進行。商務英語語用研究通常會借助於普通語用學的理論。語用學中的「言語行為理論」「會話含義理論」「關聯理論」「會話分析」和「禮貌原則」等理論，都是國際商務英語語用研究的理論支撐。

（3）跨文化商務交際研究。跨文化商務交際是指來自不同文化背景的人們在商務活動中經由交換符號來發出和接受信息的行為和過程（竇衛霖，2012）。跨文化商務交際從本質上說是跨學科的，涉及語言學、經濟學、管理學、人類學、傳播學多個學科，因而產生了跨文化商務交際學。Chaney 和 Martin（2000）認為跨文化商務交際學是一個新的概念，是不同文化背景的經營管理者之間的交流。Iris I. Varner（2003）指出：「跨文化商務交際不僅僅是發生在商務環境下，而且是在交際過程中溶入了商務策略、目標和實際情況，而且是通過文化、交際和商務三和要素相互作用所創造出的新環境。」

跨文化商務交際研究的領域非常廣泛，包括「跨文化交際教學」「跨文化商務交際能力及策略」「跨文化商務管理」「跨文化商務營銷和廣告」「跨文化商務言語交際」等等。

跨文化商務交際研究的方法可分為思辨研究和實證研究。思辨研究主要通過文字表達自己的感想、思考、主張或建議。實證研究通過觀察、實驗、訪談等直接手段來收集資料，通過確切的客觀性語言或數字、量度等符號或描述性語言來表述研究成果，發現事物的客觀規律。

6.3.2.3 商務英語學科學術研究的環境建設

林添湖（2005）認為，一個學科的成熟獨立要具備以下八個微觀條件：①是否湧現出了學術界公認的一個、幾個或一批該學科的學術帶頭人；②是否有這個或這些學術帶頭人撰寫的、有關該學科的標示性的理論專著問世；③是否成立了該學科全國性、甚至世界性的專門研究機構（如研究學會或協會等）；④是否創辦了該學科專門的學術期刊；⑤是否有該學科的專業出版機構；⑥是否有該學科學術著作和教材的大量問世；⑦是否在大專院校中普遍開設了該學科的主幹課程；⑧是否已經得到國際學術界的重視，對該學科的研究

活動是否已在世界範圍內得以廣泛開展。

對照以上條件，可以看出，中國商務英語學科的理論研究已經取得了不小的成就，學科建設的工作也有了很大的進展。不少學者如陳準民（1999）、劉法公（1999）、王興孫（1997）、林添湖（2001，2004）、陳莉萍（2000）、廖瑛（2005）、莫再樹（2005）、翁鳳翔（2009）、張佐成（2008）、曹德春（2009）、陳建平（2009）、葉興國（2014）等從學科體系、學科建設、專業設置、課程體系、教學內容、教學方法以及從語體、語用、修辭、翻譯等角度對商務英語進行了研究和探討，並形成了一支初具規模的高級師資和學術隊伍，並逐步產生了上述商務英語專業和學科的領軍人物。以全國國際商務英語研究會為領導核心，以對外經濟貿易大學為中心，以廣州外語外貿大學和上海對外貿易學院為兩翼，形成了中國商務英語教學與研究的「三足鼎立」格局，共同引領學界人士從事商務英語教學與研究①。

有關商務英語學科建設的專著日益增多，包括張佐成（2008）的《商務英語的理論與實踐》、鮑文（2009）的《國際商務英語學科論》和翁鳳翔（2009）的《商務英語研究》等。另外關於商務英語學科建設的論文也發表不少。

商務英語在國外已經成為專門用途英語學科下的一個最大分支。有大量的專著和學術文章的出版。主要的學術期刊有 *English for Specific Purposes*，*Asian Journal of Business English* \ *Journal of Business Communication*，國外的專門學術機構有 IATEFL BESIG 和亞太專門用途外語協會等。近年來出版的商務話語和跨文化商務交際方面的學術專著也很豐富，如 *The Handbook of Business Discourse*、*Business Discourse：Texts and Contexts*、*Evaluation in Business Discourse*、*Intercultural Business Communication* 等等。

1994 年，對外經濟貿易大學黃震華和王關富牽頭創辦了商務英語研討會。1996 年，上海對外貿易學院王興孫和葉興國負責召開了第二屆全國商務英語研討會，並形成了每兩年舉行一屆研討會的機制。1998 年，在廈門大學召開的第三屆全國商務英語研討會上，中國國際貿易學會商務英語研究會（以下簡稱「研究會」）宣告成立。研究會的核心成員先後來自以下高校：對外經濟貿易大學、上海對外經貿大學、廣東外語外貿大學、廈門大學、北京外國語大學、上海外國語大學、上海財經大學、南開大學、東北財經大學、南京理工大學、浙江工商大學、湖南大學、黑龍江大學、上海海事大學、上海交通大學、西南財經大學、廈門理工大學和西安外國語大學。黃震華、陳蘇東、陳準

---

① 翁鳳翔. 商務英語：歷史、現狀與未來 [J]. 當代外語研究，2012 (4).

民、葉興國先后擔任理事長。

　　研究會在商務英語專業培育和建設的過程中發揮了核心作用。研究會的主要工作和交流平臺有四個：主任聯席會議、全國高校商務英語研討會、全國商務英語學科理論高層論壇、全國大學生全英商務實踐大賽。全國高校商務英語研討會從1994年開始舉辦，每兩年舉辦一屆，近幾屆的參會人數保持在300人左右；主任聯席會議從1999年開始運行，每兩年舉辦一屆；全國商務英語學科理論高層論壇從2011年開始舉辦，每年舉辦一屆，定向邀請商務英語理論研究領域最活躍的學者出席，參會人數30人左右；全國大學生全英商務實踐大賽在廣東外語外貿大學連續多年成功舉辦校內競賽和校際邀請賽的基礎上發展而來，2013年起開始面向全國①。

　　2011年，中國專門用途英語專業委員會成立，而且與亞太商務交流協會聯合定期舉辦跨文化商務交際國際研討會和工作坊，加強學術研究和師資培養。

　　中國專門研究商務英語的刊物有《商務外語研究》和《中國ESP研究》等學術刊物。

　　不過，就目前學術研究環境而言，還需要在廣度上和深度上下工夫。目前各個院校級別的學術組織還不健全，學術活動以及學生活動還沒有廣泛開展，也沒有深入人心。教師中研究商務英語的並不多，許多人還沒有具備商務英語的研究能力。有能力組織學生參加商務英語實踐大賽的院校還不多。與此同時，商務英語學科的學術陣地還比較弱小，學術刊物數量少而且規格比較低。許多研究成果大都發表在一般大學的學報和非核心期刊上。這或多或少反應了商務英語學科邊緣化的研究水平。今后應加強學術環境的建設，為學科的長遠發展創造硬件條件。

### 6.3.3　商務英語學科文化的建設

#### 6.3.3.1　學科文化的概念內涵

　　國內外的學者從不同的視角對學科文化進行研究，界定「學科文化」的概念。薛瑞豐等（2001）認為學科文化是由歷代學者在創建該學科的過程中發現、創造和形成的學科理論體系以及所具有的思想、方法、概念、定律，是學科中所採用的語言符號、價值標準、科學精神或人文精神、文化產品以及工作方法的總和。這是從內容角度進行的定義。劉權、鄒曉東（2004）認為學

---

① 葉興國. 中國商務英語專業教育的起源、現狀和發展趨勢 [J]．2014（5）．

科文化是人們在探索、研究、發展學科知識過程中累積而形成的獨有的語言、價值標準、倫理規範、思維與行為方式等。這是從發展的角度來進行的定義。李余生等（2001）認為，學科文化是一定範圍內的人們在學科建設與發展過程中通過有計劃、有目的的建設和培養逐漸形成的具有科學意義的、能有效指導學科建設實踐的、以管理為目的獨特的文化體系和系統完整的、以文化為內容和手段的管理理論體系。這是從管理的角度對學科文化的定義。國外研究學科文化的學者伯頓·R.克拉克從組織的觀點出發，認為高等教育是由生產知識的群體構成的學術組織，它既是一種社會結構，又是一種文化存在。其中學術文化（學術信念）是其組織特質和基本要素，學科文化是學術文化的核心和基礎（陳錫堅，2008）。學科文化根植於學科，每一門學科都有一種知識傳統和相應的行為準則。這種知識包含特定的理論、方法論和專門的技術。每門學科的成員都擁有共同的信念，擁有自己的符號系統、價值觀念、學術精神等，這些正是學科文化的組成部分。

綜上所述，學科文化是在學科知識和學科組織的發展過程中所形成的獨特的知識理論體系、研究方法、思維方式、價值觀念、學科傳統、倫理規範、學科制度與行為習慣等的總和，是學科知識文化與組織文化的集合體。它是學科在其形成與發展進程中生成的文化內核與精髓，也是大學文化的源泉與社會先進文化的重要組成部分，對大學中各學科成員乃至整個學術系統的內部成員都有著極強的教育影響力。

6.3.3.2　商務英語學科文化建設的重要性

新生的商務英語學科還不成熟，還處在成長的過程之中，學科文化建設對於本學科具有重要意義，這主要體現在兩個方面：

首先，學科文化是學科成熟的重要象徵。一個研究領域成為學科，主要是因為其具有特定的研究對象、研究方法和手段、獨特的思維方式和較為成熟的概念體系等內容。一個學科通過不斷地與其他學科劃清界限，並吸收其他學科的優秀成果，促使學科不斷分化並向縱深發展，一些新的分支學科新的研究成果以及新的有探索價值的研究領域便隨之產生。學科文化在傳播過程中，會不斷促使學科向縱深和橫向發展。而且，一個學科要獲得持續發展必須有其特定的語言文化、價值觀念和思維行為方式，有自身獨特的理論體系和研究方法。

商務英語學科就是在英語語言學不斷分化並融合經濟學與管理學、心理學等學科的知識的過程中得到深化和拓展的。最初呈現給我們的是一種附屬於英語語言文學的亞文化，而且隨著這些學科間的不斷滲透、交叉、移植、借鑒、碰撞和吸收，商務英語學科正在慢慢形成獨有的學科文化，為學科的成熟奠定越來越厚的基礎。

其次，學科文化是學科核心競爭力的基礎。學科是大學的內核，學科文化是學科的成長環境，也是大學履行其使命、發揮其社會職能的隱性背景，因此學科文化建設是大學提升核心競爭力的重要途徑。學科文化的功能有：分界功能、化人功能、生產功能和凝聚功能。具體來說，學科文化的分界功能是指學科文化使不同的學科知識、學科成員、學科組織有明顯的區別；化人功能是指學科文化一旦形成，就通過引導、規範、陶冶、形塑等形式對學科成員進行有意識或無意識的文化滲透，對學科成員（既包括學科新人也包括學者）的發展起著定向和規範作用；生產功能是指學科文化在選擇、傳播過程中能夠實現文化的增殖，孕育出新思想、新觀念、新的語言和思維方式；凝聚功能是指學科文化就像一種黏合劑，增強成員的群體意識、向心力、歸屬感和認同感。學科文化的分界功能、化人功能、生產功能和凝聚功能共同作用，保證了學科的核心競爭力。

商務英語學科在形成與發展過程中形成了獨特的不可模仿性。比如商務英語特有的語言風格、商務英語跨文化的屬性、商務語用的特殊規則以及該學科特有的研究方式、特有的教學方式、研究理念等等，都體現了與其他學科的巨大差異。這些與眾不同之處正是該學科核心競爭力的體現。基於這些與眾不同的特點，商務英語學科形成了自己的學科文化，也逐漸在教學與研究中找到自己的歸屬感。

6.3.3.3　商務英語學科文化建設視角

學科文化作為一種獨特的文化，從層次結構上分析，可以劃分為四個層面：即精神文化、制度文化、物質文化和行為文化（陳何芳，2005）。這四層結構中，精神層文化是核心，反應著學科帶頭人和學科建設者的信仰、理念、價值觀等，是指導學科文化發展的靈魂，也是學科文化成為體系的凝聚力所在；制度層是學科文化體系自我存在的有力保障，是規範學科主體進行學科活動和創造的依據，其受制於精神層文化，同時規範著行為層文化；物質層文化是其他三層文化的基礎構建或外在顯現（見圖6.2）。商務英語學科的學科文化建設也不例外，也要從這四個層面出發，全力創造一個培育商務英語學科核心競爭力的有利環境。

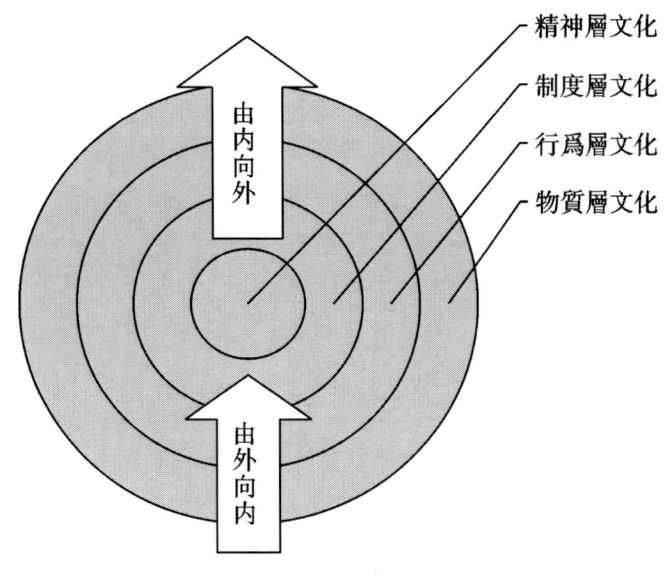

圖 6.2 學科文化層次結構圖

（1）商務英語學科文化的精神層。商務英語學科文化的精神層面也就是商務英語學科精神文化，是本學科形成與發展中形成的一種建立在學科內師生員工共同信念和價值觀基礎上的群體意識。相對於學科制度文化、行為文化和物質文化來說，學科精神文化是一種最深層的文化現象，在整個學科文化系統中，它處於核心地位。它包括學科哲學、學科價值觀念、學科精神、學科使命、學科責任、學科基本信念、學科偶像崇拜等內容，是學科意識形態的總和。學科哲學是學科理論化和系統化的世界觀、發展觀和方法論，是人們對貫穿於學科活動的統一規律的認識。作為最高層次的文化，它主導、制約著學科文化的其他內容的發展方向。學科價值觀念包括對學科存在的目的和意義、學科建設與發展中各項規章制度的價值和作用、學科中人的行為與學科發展利益的關係等認識。學科精神是學科哲學、價值觀念、道德觀念等的綜合體現和高度概括，體現學科群體的共同理想、信念、宗旨和精神特徵。

創新精神就是商務英語學科文化精神的集中體現。商務英語學科本身就是突破常規，把英語語言文學與經濟學、管理學等多個學科融為一體的創新之舉。商務英語學科的創新精神還從其他諸多領域展現出來，譬如教學創新、科研創新、教材創新、管理創新和制度創新等。這些領域的創新思維和行為促使商務英語學科或教學主體吸收先進的教育理念、教學方法和科研成果，將它們運用到商務英語人才培養之中，使這些人才更優秀，更具有競爭實力，從而進一步增強商務英語學科的核心競爭力。今后的學科文化建設也應該以創新精神為核心從各個層面進行補充性建設。

（2）商務英語學科文化制度層。學科制度文化是學科為實現自身目標對學科成員的行為給予一定限制的文化，它具有強制性和強有力的行為規範要求。學科劃分與設置制度、課程標準、學科研究規範、學科評價標準、學科獎懲制度等幾方面都是學科制度文化的內容。學科制度文化是一種來自學科成員自身以外、帶有強制性的約束，它規範著學科的每一個人，是一種約束學科成員和學科成員行為的規範性文化。它使學科在複雜多變、競爭激烈的環境中保持良好的秩序狀態，從而保證學科成員行為的一致性和學科成員目標方向的一致性，強行驅使學科沿著一定的學科目標方向前進。學科管理制度是學科為求得最大效益，在教學與科研實踐活動中制定的各種帶有強制性的義務，並包括保障一定權利的各種規定或條例。

商務英語學科要想保障本學科旺盛的生命力，必須建立自己的人事制度、管理制度、民主決策管理制度、教學制度、科研制度等一系列規章制度。學科文化制度作為學科成員的行為規範，能使學科成員個人活動得以合理進行，同時又成為維護學科成員共同利益的一種強制性手段。因此，學科文化管理制度是學科進行正常的教學與科研管理所必需的，它是一種強有力的保證。優秀學科文化管理制度必然是科學、完善、實用的管理方式的體現。

（3）學科文化行為層。學科文化的行為層又稱為學科行為文化。如果說學科物質文化是學科文化的最外層，那麼學科行為文化可稱為學科文化的幔層，即淺層的行為文化（高山，2010）。學科行為文化是學科成員在學科教學、科研、交際中產生的活動文化。它是一種以動態形式存在並以人的行為為形態的文化，表現在學科風尚或學科作風之中。它通過規定與制度的手段來規範全體成員的行為，是法律、道德、科技和文化意識在學科人行為中的具體反應，是學科發展理念、精神面貌、人際關係的動態表現，也是學科價值觀的折射。優異的學科行為文化可以協調領導和一般成員之間以及學科與外部的關係，推動他們之間協調合作，還能使學科行為規範化、學科成員行為社會化。它具有標準功能、導向功能和約束功能，使個人責任、個人目標緊緊地統一在學科目標中，使每一個成員在公平合理、心情舒暢的環境中發揮巨大能量，形成良好的學科風尚。

開放性是商務英語學科文化最顯著的行為特徵。多年來，商務英語學科的研究者和教師著眼於廣闊的國際視野，本著非常積極的開放心態，始終關注世界經濟和國際教育發展的前沿，樂於吸納新理念、新方法和新知識，善於與世界各國同行進行溝通與交往。在學科內部建設和學術研究中，時常會有不同的觀點和意見，甚至出現分歧和爭論，但由於大家的目標是一致的，同仁們能夠通過辯論縮小分歧、求同存異，以團結合作的態度朝著共同的目標前進，顯示

了良好的學科文化行為。

（4）學科文化物質層。學科物質文化是由學科成員創造的產品和各種物質設施構成的器物文化。它是一種以物質為形態存在的表層學科文化，是學科精神文化、制度文化和學科行為文化的外在體現。學科物質文化作為學科文化的一個子系統，其顯著的特點是物質承載性。學科物質文化屬於學科文化的表層部分，是學科發展過程中累積下來的外在物化形式的統稱，它是學科文化建設的前提和條件，是學科精神文化賴以生存和發展的載體，其主要特點是具有空間物化形態，是一種顯性的文化。學科物質文化是學科精神文化、學科制度文化、學科行為文化的載體，沒有物質文化，精神文化和制度文化就不會傳承和延續，因此學科物質文化是學科精神文化、學科制度文化、學科行為文化存在和發展的基礎。

商務英語學科已經形成了一些以大學為核心的高水平教學與科研基地。比如以對外經濟貿易大學、廣州外語外貿大學和上海對外貿易學院為龍頭的商務英語教學與研究隊伍出現了許多學科的領軍人物。中國國際貿易學會商務英語研究會成為本學科理論與實踐研究的陣地與指導機構。每兩年舉辦一屆的全國商務英語研討會成為學科學術交流的最順暢的渠道。全國範圍內各院校對商務英語學科建設的資金投入也在不斷增加。今后，本學科應將更多的精力與資金投入到教學設施的完善、實踐基地的創立以及學術刊物數量的增加上面。

商務英語學科精神文化、制度文化、行為文化、物質文化四者有機統一，相輔相成，相互滲透，相互補充，缺一不可，共同發揮該學科文化的育人效應。在未來的商務英語學科建設工作中，我們學科中人應該繼續努力，保證學科文化全面發展，讓這個新興的學科越發顯示出它蓬勃的生命力。

# 第 7 章　商務英語專業教學管理工作改革建議

　　商務英語專業教學管理工作是保證其人才培養質量的另一關鍵因素。高校的教學管理工作是指高等學校的行政管理人員通過遵循教學管理工作的一般規律，根據高校的教學特點、目的和計劃，通過採用科學合理的管理方法和管理手段對教學活動的各個層面和分支進行合理的組織、安排和管理，從而維持高校教學活動正常、有序的進行的各種工作的總和。教育部《高等學校教學管理要點》中提到，高校工作的重心之一就是搞好教學。而教學管理又是搞好高校教學工作的重要基礎性內容。高校的教學管理工作是為了實現高校的教學計劃，培養國家需要的各專業人才，通過合理科學地制訂教學計劃和管理條例，從而對高校整體的教學活動進行規範和指導，從而確保高校教學工作的正常進行，達到預期的目的。教學管理的基本任務包括兩個方面：第一，通過探索合理規範的教學活動的一般規律，制訂符合高校自身情況的教學管理方案和條例，規範學校正常教學工作的運行。第二，在教學活動的實踐中，不斷探索、找出問題，並針對存在的問題進行教學改革，從而進一步提高教學主體和客體的積極性，提高教學質量，達到培養高素質人才的目的。

　　高校的教學管理過程是不同人員之間相互交往的一個動態過程。人員作為教學管理的主要因素，包括老師、學生以及學校的管理人員，等等。在教學管理的整個過程中，管理涉及的各個因素都是動態變化的，他們之間依靠教學管理相互聯繫。因此，當他們之間的關係發生變化的時候，相關的教學管理工作也要做出調整，從而確保各人員之間的協調和教學活動的順利進行。

　　在高等教育大眾化的形式下，商務英語專業人才的培養目標和培養模式的改變向教學管理部門提出了新的要求，那就是改革教學管理制度，適應新的教學和學科建設需要。教學管理部門的管理工作主要包括制定科學合理的教學制度、建立健全良好的教學和學習監督和評價體系、教學資源的建設（既包括軟件資源也包括硬件資源）等內容。商務英語專業人才培養目標側重學生的

複合能力、應用能力、創新能力和國際化視野，因此，在人才培養制度各方面應該做出大幅度的改革，以適應這些與傳統培養目標完全不同的要求。

商務英語專業教學管理工作的改革應主要集中於以下幾個方面：人才培養制度的改革、國際化教學管理制度的建立、教師管理的加強、教學資源的建設。

## 7.1 人才分類培養制度的改革

人才培養制度是指與大學教育、教學活動過程相關的重要規定、程序及其實施體系，其核心有專業與課程設置制度、選課制度、學分制度、導師制度、實習制度、分流制度、日常教學管理制度等[1]。

### 7.1.1 分類培養的重要性

高等教育大眾化對專業人才培養提出了嚴峻的挑戰，如何在同一專業架構內並行培養好研究型和應用型兩類人才，或者針對不同能力特長和不同需求的在校生實施適當的專業教育，確實是很艱巨的任務。商務英語人才培養的目標是學生的應用能力、複合能力和創新能力等等的綜合。實施分類教學是實現這些目標的有效途徑。分類教學是相對於整齊劃一的傳統教學而提出的一種教學模式，它是根據受教育者的目標需求、崗位取向、個體特性與差異、發展潛能等，分類制定教學內容、教學目標、教學方法，分類實施教學（蔣曉玲，2010）。

分類教育是高等教育現代化的必然選擇，是培養應用型人才的最佳途徑。他的重要性主要體現在四個方面：

（1）體現「以人為本，以學生為中心」的教育理念。傳統的教育理念是「以知識為本」而不是「以學生的發展需求為本」。傳統教學主要立足於向學生傳授一定的知識，而較少考慮學生作為社會的人才可能產生的諸多需求，如：知識的實用性需求，未來崗位的技能需求，社會適應能力的需求，競爭需求；更不會考慮學生作為一個個鮮活的生命本應具有的個性發展需求、激勵需求、精神需求及個人的興趣需求、特長需求等。《國家中長期教育改革和發展規劃綱要（2010—2020年）》對高校人才培養工作也明確提出：關心每個學

---

[1] 董澤芳. 高校人才培養模式的概念界定與要素解析［J］. 大學教育科學，2012（3）.

生，促進每個學生主動地、生動活潑地發展，尊重教育規律和學生身心發展規律，為每個學生提供適合的教育。商務英語專業的設立就是基於就業市場對複合型人才的需求。學生的未來就業與長遠的發展是我們人才培養的初衷。同時，教育規律告訴我們多種因素決定了人的個體差異。每個人的稟賦、特長與能力是存在很大差異的。基於上述教育理念與現實情況，我們在制定人才培養目標、確定人才培養模式的過程中，有必要對學生進行一定的分類，因材施教，有的放矢，根據學生個性發展的不同需要，制訂針對不同類型學生發展要求的多樣化人才培養方案。未來教育改革任務應該圍繞「以學生為本」的教育理念，確保人才培養體系的設計以學生需要為出發點，尊重每一個學生，為不同學生的成長創造不同的機會，並努力為學生的不同選擇提供教學設計和制度保障。

（2）分類培養是社會需求多元化的客觀現實需要。社會需求一直是學生受教育需求的主要來源，也構成受教育者的直接目標。在目前中國社會轉型期，經濟增長方式逐步向依靠科技進步創新、提高勞動者素質、擴大內需和實現綠色經濟方向的轉變，對人才成長提出了新的要求。高等教育應該做好準備，應對社會對人才的多樣化需求。以信息技術為代表的科技進步和經濟全球化對人才需求產生巨大影響，如除傳統行業對白領、藍領科技人才、技術工人的需求外，各類服務行業的管理咨詢人才、信息行業的維護管理人才、網絡金融等新興行業及跨國公司的人才需求多種多樣，層出不窮。這些現象都體現出社會對人才需求的多樣性特點。社會對商務英語專業本科生需求日益呈現多層次性、多元化和複雜化特徵。即使同一類企業對於同類人才的需求側重也有差異。比如，有的涉外企業需要國際貿易文案方面的人才，有的企業需要國際商法方面的人才，有的企業需要對外承包領域的人才，還有的需要涉外會計類人才。高校作為人才供給方，如何優化「產品」結構，如何根據勞動力市場需求變化對現有的培養模式加以優化調整，如何根據社會實際需求來對本科分類培養模式的目標、路徑進行探討，是我們急需解決的問題和難題。

（3）分類培養是高等教育大眾化的必然選擇。隨著中國精英教育向大眾化教育階段的轉變，高等教育要滿足社會多元利益主體的不同需求，其人才培養目標、理念乃至培養方式都要發生深刻的變化。

首先，培養對象發生了變化。精英教育時期高等教育的培養對象是較窄的群體，培養的目標是為政府和學術研究服務，為實現國家發展計劃培養某一方面的高級專門人才。隨著高等教育大眾化階段的到來，不同的社會利益主體對高等教育需求發生了變化。從高等教育的培養對象上看，由於學生規模的驟增，每個學生的求學目的、自身條件不盡相同，這就要求多樣化的高等教育滿

足更多人不同的學習需求。從社會對高等教育人才的需求角度看，大學畢業生就業要面向市場。就業流向也從政府和學術機構大量轉入企業及各行業的基層部門。

其次，高等教育大眾化的基本主旨是給個性平等發展的機會。大眾化高等教育價值觀的核心是普遍尊重個性，鼓勵學生進行自主選擇，形成學生的個性特徵，為學生的發展提供機會，並把個性的充分實現作為高等教育體系的內在追求，把人的自由、全面發展作為高等教育活動的最高目標。

為滿足學生求學和社會發展的需求，高等教育需要確立多元化的人才培養目標。人才分類培養模式是大勢所趨。

### 7.1.2 分類培養模式的內涵

要建立人才分類培養模式，首先需要理解分類培養模式的內涵，然後在此基礎之上設計分類培養的具體教學和管理框架體系。分類培養模式的內涵包括四個方面的內容：

（1）以社會發展和職業需求為導向。市場化育人是高等教育與生俱來的固有屬性和價值取向，人才分類培養直接面向社會需求，提升受教育主體的社會適應性和競爭力，是高等教育大眾化得以實現的前提，是大眾化教育從規模擴張到質量提升的理性選擇。用人單位對於畢業生的綜合評價最能代表企事業單位對畢業生的認可，同時也是對學校的認可。但是這種認可是一種動態的認可，企業對畢業生的需求隨著市場變化而變化，用人單位對於畢業生綜合評價體現出他們學校教育品牌的認可程度。學校通過畢業生服務於企業，服務於社會，在服務中得到認可，在認可中體現自身教育的品牌。

在一項暑期調查中，河北經貿大學部分商務英語專業學生對石家莊市十家涉外企業對人才需求情況進行了調研。用人單位最希望商務英語人才具有以下職業素養與能力：吃苦耐勞，敬業愛崗，踏實工作；善於溝通，有團隊意識和合作精神；富有開拓創新的精神；具備學習能力和創新意識；有個性，有獨特的魅力；在英語能力方面一般要求具有較好的英文閱讀能力和基本的口語表達能力，較熟練地掌握外貿英文函電的一般撰寫能力以及基本的翻譯能力。具有專業知識和商務能力。事實證明，我們在設計商務英語人才培養方案時，必須考慮社會的需求，為學生未來在職業發展方面創造有利的條件。

（2）突出學生主體地位和人才個性化發展特徵。中國傳統的教育模式是以規範式教育為主要特點的繼承性教育，其實質是共性化教育，注重個體與環境的融合，強調「人道合一」。在這樣的教育模式下，受教育者被動地接受教

育者的「塑造」，學習的動力來源於外部壓力（如考試成績，學業評價等），處於被動狀態。其內在驅動力被抑制，只注重學習的結果，對求知過程缺乏熱忱與向往。高等學校變成了一條條標準化的生產線，按照既定的加工工藝（教學計劃），通過標準化的加工工序（教學環節），採取規定的加工手段（課程教學），加工（培養）出一批批符合規定檢驗要求（質量標準）的標準化產品（專業人才）。以這樣的模式「加工」出來的「產品」，千人一面。許多優秀的個性被共性化了，只能成為一顆顆合格的「螺絲釘」，很難滿足現階段建設創新型國家的需要。比如商務英語專業學生的專業教育一直沿襲改革開放之初的進出口貿易方向課程設置和培養方向。然而今天的經濟發展形式呈現出了多樣化，複雜化的形式，市場對商務英語人才的需求變得更多樣化，所以我們要轉變觀念，樹立個性化的教育理念，有必要對受教育主體的差異化需求進行歸納梳理和整合，對分類培養模式進行深入的思考與探索。進行分類培養是現階段駐足學生追求個性價值的合理選擇，符合大學生身心發展的差異性和自主性特徵。

個性化培養要求更加柔性化的教學管理制度。這樣可以給學生提供一個良好的「自主學習」環境。自主的途徑是自選，即自選專業、自選課程、自選上課老師、自選學習進程等。如果學生學什麼、怎麼學、什麼時候學等方面有了自由，學生會更加具有自主學習的熱情和動力。學校要進行分類培養，需要整合優質教學資源。商務英語專業人才培養可以以本專業所在院校的優勢學科，如經濟類或管理類的某個學科領域為依托，有機結合英語語言能力的教育，形成適應學生個性化培養的教育管理體制。我們甚至可以在不同的院校間建立起教學資源共享的教育資源網絡，以實現真正的個性化培養。

（3）以就業能力培養為核心。就業力培養已成為高校教育和專業發展的核心內容。目前，學界對就業能力存在多種多樣的解釋與界定。張麗華、劉晟楠（2005）提出了就業能力的五個維度：即思維能力、社會適應能力、自主能力、社會實踐能力和應用能力。而Fugate等人（2004）提出的就業能力結構模型則跳出專業知識技能的限制，將職業認同、適應性、人力資本和社會資本作為就業能力的構成要素。具體而言，職業認同是就業能力結構的核心內容。它指的是個體對自己的職業興趣，天賦和目標逐漸清晰而穩定的認識。而適應性指的是個體願意且有能力將一些個人特徵變得符合情境的要求。從適應性的角度而言，個體既要適應、接納外界的變化，也要能夠預見外界變化的趨勢從而主動加以調整和適應。關於適應性所涵蓋的內容，Fugate等人（2004）認為適應性包含五個變量：樂觀、樂於學習、開放性、內控和一般自我效能感。除了職業認同和適應性，就業能力還包含兩類資本要素：社會資本和人力資本。

其中，社會資本是就業能力中公開的社會性和人際成分，能起到掌握和傳遞信息的作用，從而對網絡結構中的人產生影響。人力資本則指的是一系列影響個體事業提升的變量：年齡和受教育程度、工作經驗和接受的相關培訓、工作表現和工齡、情緒智商、認知能力等。其中，受教育程度和工作經驗是預測事業提升最有效的變量。以上所講的「資本」因素都是個人成長中的一些非心理特徵，如受教育程度、社會關係等因素（喬志宏等，2011）。

我們可以看出，人才培養絕不是單純的專業知識與專業能力的培養。無論是將專業知識技能涵蓋進來，還是跳出這些因素限制，著重個體適應力的「就業能力」概念都離不開對人的個體素質的培養。分類培養強調「人的個性培養」。從培養目標確立到培養體系構建再到培養計劃的運行，分類培養的每個環節都圍繞著就業能力的提升而展開。

（4）以多樣化、多規格的人才培養為現實任務。之前，中國高等教育在發展過程中過分地強調專科、本科、研究生教育等教育層次的差異，忽視了教育類型結構和人才類型結構的劃分。高等教育承擔著培養數以千萬計的專門人才和一大批拔尖創新人才的任務，在高等教育大眾化階段，大學的類型必然是多元化的。重點大學主要培養拔尖創新人才，也就是所謂精英教育。地方省屬高等院校中的大多數專業以實用性、應用型人才培養為主。當然，地方高等學校的優勢或特色專業也可以承擔一部分專業精英人才教育的任務。總之，發展符合「科學發展觀」的高等教育是大勢所趨。對於商務英語專業人才培養來說，這個過程可以看做是一個生產產品的過程。學校是產品供給方，而需求則來自於三個主體——學習者、社會和學科。產品的規格必然是多種多樣的。採取分類培養的方式滿足這三方面需求是人才培養機構的現實選擇。

### 7.1.3 商務英語專業人才分類培養的制度建設

分類培養制度主要涵蓋人才培養階段的劃分和具體教學體制的設計，包括培養階段的劃分、教學計劃、課程改革設置、教學運行機制等方面的內容。

第一，從具體的人才培養階段來說，可以劃分為三個階段。在一年級階段把整個專業全體學生的教學統一起來，使用公共課教學平臺。二、三年級進入學科大類與專業培養教學平臺。三、四年級進入個性化發展的拓展教育教學平臺。從大的培養方向分類來說，一少部分學生進入學術研究類學習平臺，立足於成為研究型拔尖創新人才；大部分學生進入複合應用類學習平臺，培養目標為應用型創新人才。

第二，要設計出多樣化的教學計劃。社會需求和學生的特長及其專業方向

偏好使得我們不得不考慮多樣化的培養方案。多樣化的培養方案要求管理部門必須在教學計劃上體現靈活性，也就是教學計劃人性化。這包括學生的自由選課，也包括課程方向多樣化設計，以滿足具有不同特長、不同興趣的學生的教育需求。比如，商務英語專業內還可以劃分出不同的方向，採用靈活的方式，按未來職業領域方向設置不同的方向，比如國際商法、涉外會計、國際貿易、國際保險、國際企業管理等等專業方向。

第三，要具備人性化課程設置。課程設置的具體操作層面，可以採取「平臺+模塊」的課程體系。許多高校已經在全校範圍和學科門類內部實現了「平臺+模塊的課程設置」模式。公共基礎課（或稱公共文化課）全校打通，專業基礎課學科門類內打通，以擴寬基礎知識面，實行「厚基礎、寬口徑」培養。在商務英語專業教育階段，我們可以平行設置多個模塊以方便對高年級學生進行分流教學，進行不同方向的培養，以滿足不同層次學生的需求，或選部分學生進行特色培養。當然多模塊專業方向的設置必須結合自身的教學資源，包括商務英語教師的自身素質和所在院校相關專業教學資源以及本專業能夠提供的專業實踐條件等等的現實可行性，不能一味求多、求全，為了「多元化」而多元化。

第四，教學運行機制要有人性化的設計。教學運行機制要從兩個角度進行人性化設計：①應該積極實施適合本專業的學分制。學分制有利於調動學生主動性、積極性，有利於人才個性的培養。在計劃體制下，學生多是由學校、老師用同一個模子塑出來的，基本上是給什麼吃什麼，被動「哺乳」的成分多；學分制下的學生則要主動找食吃，且要主動挑自己喜歡的「食物」吃。學生在學期間，需要培養自制能力、獨立思考能力與獨立判斷能力，學會自我分配時間、自覺利用時間，主動學習。應當說，學分制為開拓學生的潛能、創造力提供了最大的空間。學分制與彈性學制相關聯。只要修夠規定的學分，不管學習時間是否達到一般規定的四年，學生都可以取得畢業證書和學位證書，可以以商務英語專業畢業生的身份在就業市場尋找適合自己的工作。在校時間可以不向傳統學年制那樣必須達到4年時間，只要符合條件，隨時可以畢業。然而，中國各院校學分制實施的現實並不理想。現實的一些制度還缺乏足夠的靈活度。比如提前畢業的時間如果剛好提前一年，畢業證書就可以同上一屆學生一起頒發給提前畢業生，而如果學分提前修夠的時間不足一年，在第四個學年的中間，畢業證書就無法頒發。這也會在一定程度上不利於學生就業等事宜的順利進行。完善學分制是分類教學的必然，是大勢所趨。②整合教學資源。教學資源的不足也限制了學生選課的自由度，比如商務英語師資力量的不足使得有些課想開開不出來，有的課程只有一名教師，學生也沒有比較，無法真正的

自主選擇。教學管理部門可以通過外聘專家或專業教師進行部分課程的授課，充實專業教學隊伍。與此同時，有必要在不同學校間建立起合作式的教學管理機制，實行有條件的「課程共享，學分互認」管理制度。在一定條件下，學生在具有合作關係的院校間擁有選擇課程的自由，並得到自己院校的認可，將自己在合作院校修得的學分納入自己的學分系統。這樣的合作式教學管理機制不僅能激發學生的學習動力，開闊他們的眼界，發揮他們的學習潛能，而且有助於實現高校教學資源效用的最大化。②要有多樣化的教學評價機制。多樣化教學評價機制的建立首先需要建立多樣化人才培養質量觀。對於教學效果的評價，不僅要看考試成績的高低，還要對於學生綜合能力和實踐能力進行評價。考核形式也應該靈活多樣，既有閉卷考試，也有開卷考試；有理論知識考試，也有能力、素質考查、還要考慮實踐教學環節中實踐單位給出的評價等等。

總而言之，要建立多樣化人才培養制度必須跳出傳統「科學管理」的圈圈，更多地滲透「人本管理」「柔性管理」等理念（鄧遠美，2007），尊重人的自我意志，滿足人的需要。同時也要賦予教師講課自由，鼓勵學生自我設計、自我發展與自我評價，促進學生的個性發展。也就是說，要實現多樣化的人才培養，必然選擇人性化的培養制度。

## 7.2　建立國際化的教學管理制度

### 7.2.1　國際化教學管理制度的特徵

國際化是商務英語人才的核心優勢所在。國際化培養不僅體現在課程設置方面，重要的是通過教學管理工作的改進來促進學生形成國際化視野，形成國際化思維習慣，增強跨文化交際能力。國際化人才的培養離不開高等教育國際化。陳學飛教授（2002）把高等教育國際化構成要素總結為六個方面：國際化的教育觀念、國際化的培養目標、國際化的課程、人員的國際交流、國際學術交流與合作研究、一些教育資源的國際共享等。這些要素的建設主要依賴於教學管理部門的努力。只有建立相應的教學管理制度，才能促進國際化人才的培養。

#### 7.2.1.1　國際化的教育觀念

高等教育國際化的前提是國際化的教育觀念，這是高等教育國際化的一個重要因素。只有當一個國家樹立了國際的、開放的觀念，這個國家的高等教育國際化進程才會不斷地向前推進。國際化的教育觀念家就是能夠從全球的視角

出發來認識教育的改革與發展問題。美國高等教育專家、前卡內基高等教育政策研究理事會主席克拉克·克爾認為，教育關注的是整個世界，而不只是其中的某一部分。知識無國界，各國知識分子的貢獻都有助於擴展人類的知識和人類相互理解的廣度。國際化的教育應該使人們通過獲得知識和技能，在更多的國家和文化中發揮作用。國際化的教育觀念就是打破固有的定式思維，打破狹隘的本土觀念，不滿足於國內的改革與發展，要站在更高的層面去審視高等教育的發展，主動參與世界範圍的高等教育合作與競爭。

### 7.2.1.2 國際化的培養目標

越來越多的國家在高等教育培養人才的目標上增加了國際化的內容。一方面是在思想上要培養學生的國際意識，主要是指為增進不同民族、文化的相互理解而加強國際理解教育，使學生能夠深刻理解多元文化，能夠在國際文化交流中充分溝通思想，能夠從國際社會和全人類的廣闊視野出發判斷事物。如美國提出要培養「有國際眼光的人」，使大學生「會講一門外語並通曉別國文化」。日本「臨時教育審議會」在對高等教育國際化的有關建議中指出，只有做一個出色的國際人，才能做一個出色的日本人。在國際社會中要想生存下去，除了牢固掌握日本文化外，還應該對各國的文化和傳統加深理解。日本中央教育審議會也指出，國際交流的基礎是「培養在國際社會中被信賴和尊敬的日本人，同時還應該增進相互間的團結與發展。」國際化人才培養目標是指培養學生在國際市場競爭的能力，使學生掌握一些將來在國際社會中工作所必備的知識和技能。具體來說，國際化人才需要懂科技、通外語、會經營、善管理，具有較強的國際意識，通曉國際貿易、金融、法律知識，能夠適應國外工作和生活環境。商務英語專業的培養目標中納入了國際化的內涵，適應國際化人才培養的世界潮流，相對於其他專業有著特有的優越性。英語語言的深厚功底可以幫助學生了解世界文明，與商界同行順利地進行交流，同時，對商務學科知識的系統掌握使得商務英語專業學生能夠滿足政府機構、跨國公司和許多社會部門對未來雇員提出的條件。這些優勢有助於本專業國際化教學管理制度的盡快建立。

### 7.2.1.3 國際化課程

課程國際化是指將國際因素整合到課程及實施過程中，教學的方法和手段、學生群體等都有國際化的特點。在課程中加入國際化內容和知識，促進學生國際意識的培養，提高學生在國際化和多元化文化的環境下生存的能力（汪霞，2010）。這種觀點認為課程國際化主要是指調整課程結構、課程內容，使之與國際內容更接軌，課程的講授也要具有國際化的特點。

為了實現高等教育國際化的目標，在課程中增加國際化的內容至關重要。

1998年，聯合國教科文組織在巴黎召開了世界高等教育大會，會后發表了《21世紀的高等教育：展望和行動世界宣言》，文中明確指出：以團結一致、相互承認和有利於合作伙伴公平獲益的真正伙伴關係為基礎的國際合作原則和跨國交流應成為指導發達國家和發展中國家高等院校之間的合作原則和觀點……國際合作精神應融入課程設置和整個教學過程。國際化課程是一種為國內學生設計的課程，在內容上趨向國際化，旨在培養學生能在國際化和多元文化的社會工作環境下生存的能力。從實用的角度來說，課程的國際化有兩個長處：一是給那些沒有去國外留學的學生提供接受國際化教育的機會；二是能夠提高課程對外國留學生的吸引力，為學校創造具有國際氛圍的學習與交流環境。外國留學生的進入對開闊本國學生的視野和教學過程國際化都有益處。課程的國際化，不僅要開設許多關於其他國家和國際問題的課程，而且教學中分析問題的角度都應該體現國際化觀點。美國的伯恩教授曾經指出：「一個學科如果只體現本國經驗，而排斥其他國家的經驗，就是欺騙學生和反應一種愚蠢的沙文主義。」（張紅玉，2010）

對於商務英語學科人才培養來講，課程的國際化基本上有以下幾種方式：一是開設專門的國際化專業課程，比如採用英語語言講授國際經濟學、跨文化交流等課程。二是開設關注當代國際時事的新課程，如世界經濟、政治形勢分析類的課程。三是在已有課程中增加一些國際方面的內容，如在教材上或採用國外教材，或在自編教材中大量吸收國外同類教材中的內容，或指定相當數量的國外教材和有關論著作為教學參考書目。四是推進國際普遍關注的重大課題的研究。五是注重國外特定地區的研究，如對於中國海外目標市場的貿易特點研究，等等。六是建立校際聯繫，把到國外參觀學習與課程聯繫起來，為學生提供到國外相關院校參觀學習的機會，並把這些活動中學生的表現與學校成績掛鉤。

#### 7.2.1.4 人員的國際交流

人員的國際化交流是高等教育國際化發展的重要內容。對於商務英語學科來說，更是如此。人員的國際化交流主要包括管理人員的國際化交流、教師的國際化交流和學生的國際化交流。

校領導、部門領導和管理干部是學校人才培養政策的制定者，這部分人必須走出國門，向世界上其他高校學習，樹立國際化的教育理念。只有這樣，才能制訂符合高等教育國際化發展規律的人才培養方案，建立國際化的課程和課程體系，自上而下帶領本學科教職員工在國際化的道路上前進。

教師的國際交流是高等教育國際化的一個核心部分。具有國際知識和經驗的教師可以直接推動教學、科研向著國際化方向發展。近年來許多國家的高校

都採取多種形式增加教師出國訪問進修的機會，同時還面向世界招聘教師和學者。如新加坡國立大學分別在紐約和倫敦設立教師招聘辦事處，派專人到歐美、日本、澳洲等地名牌大學物色人才，高薪聘請著名學者專家來校任教。日本也在修改有關法律和政策以增加外籍教師，吸引高水平的專家。而美國更是以其強大的政治影響、雄厚的經濟實力、先進的教學科研條件和優厚的工作生活待遇吸引了大批國外優秀的專家學者。除了聘請高水平的教師來校任教外，不少學校還邀請國際知名學者、專家進行短期訪問和講學，或聘請著名學者為名譽教授或客座教授。多種多樣的教學人員國際交流活動一方面使教師隊伍趨於國際化，另一方面也使教育思想觀念、課程和教學向著國際化的方向發展。

中國學生與國外同類院校學生交換學習和交流活動不僅有助於各國學生之間相互學習相關領域的知識，而且有利於學生跨文化交際能力的增強。許多國家都已意識到，要培養出國際型人才，增進民族間的相互理解，就必須派學生到相關國家去了解該國的歷史、文化、風土人情，去參與該國的生活。許多發達國家在吸引外國留學生到本國留學的同時，也加大了選派學生出國留學的力度。商務英語專業的人才培養目標告訴我們，商務英語專業在校生的國際交換學習是非常有效的培養措施，我們今後一定要加強這方面的制度建設。

### 7.2.1.5 國際學術交流與合作研究

大力開展國際學術交流與合作研究，是高等教育國際化的又一重要內容。知識是沒有國界的。學術與科研的無國界性是高等教育國際化的內在動因。聯合國教科文組織 1995 年提交的《關於高等教育的變革與發展的政策性文件》中指出：「國際合作是世界學術界的共同目標，而且還是確保高等教育機構的工作性質和效果所不可缺少的條件。高等教育已在知識的發展、轉讓和分享方面發揮了主要作用，因而學術上的國際合作應為全面開發人類的潛力做出貢獻。」一方面，國際化的學術與科研合作可以實現人力資源的共享；另一方面，可以形成科學探究的合力，推動人類社會的發展。對於高校來講，國際化的學術與科研合作有利於提高教師的國際化教學水平，不僅有助於實現國際化的人才培養目標，也有助於高校更好地為社會服務。在商務英語教學研究方面我們應該多多吸收國外的研究成果和經驗。國外 ESP 教學與科學研究，尤其是英美的研究成果，比中國國內商務英語研究要成熟許多，我們的研究要多多借鑒他們的研究成果，並在此基礎上，根據本國教學與實踐的具體情況形成自己獨特的研究理論。這些目標的實現更需要國際學術交流活動提供支持。

商務英語專業所在院校的管理部門應該根據自己的實際情況制訂一些制度、支持、推動學者積極參加國內外組織的各種學術活動、鼓勵學術信息交流，如資助研究成果的發表，推動高等學校通過國際互聯網交流數據和研究成

果，等等。

#### 7.2.1.6 教育資源的國際共享

現代交通和通信技術突飛猛進的發展，縮短了時空的距離，使各國間人員、物資、信息的交流極為便利，這就給一些教育資源的國際共享提供了條件。從信息資源的角度來說，現代信息傳播的便捷，尤其是「信息高速公路」的世界聯網使得信息資源能夠實現一定程度的國際共享。國際互聯網、虛擬大學、電子圖書館等設施把全世界各個角落的學生、學者和研究人員聯繫起來，使他們坐在家中就能夠掌握最前沿的科技知識，了解最新的學術動態，與地球另一端的有關人員進行探討。

### 7.2.2 國際化人才培養教學管理措施建議

人才培養國際化需要配套教學制度提供制度保障，除了在課程設置方面融入國際化內容外，教學管理制度方面還需要給予有力的支持。這些制度支持可分為兩種，一種是國際交流活動制度，另一種是相關教學保障制度。

#### 7.2.2.1 建立國際交流活動制度

教學管理部門要把組織國際交流活動形成制度，為國際化商務人才培養創造環境。這些活動的定期開展不僅有利於學生和教師形成國際化的視野，還能夠促進整個學校教育國際化的進程。教育管理部門可以對各種國際交流活動進行分類組織和管理。

國際交流活動可分四類進行組織：① 組織國際學術會議。商務英語學科的建設與人才培養形成了一種相互促進、相互輔助的關係。商務英語學科的科研活動主要集中於語言研究、跨文化研究、教學研究等領域，國際上許多國家在這方面都有許多可借鑒的成果與經驗。應該多多組織國際學術交流會議等活動，為本學科的研究工作創造條件。② 吸引國外留學生。教學管理部門應該創造條件，吸引國外留學生就讀本專業課程。吸引國際交流學生的最關鍵因素是與國際接軌的課程設置和教學活動設計。針對這些留學生的教學設計過程就是教育國際化的過程。我們可以借此機會熟悉先進國家的課程設置理念與具體的實施方法。③ 派遣教師國外進修。派遣教師到國外相關專業進行教學交流與進修是一個非常有效的國際化建設手段。教師的進修不僅能夠提高商務英語教學能力，而且還能開闊視野。教師的國際化素質是國際化人才培養的有力保證。④ 國際化的學生課外活動。商務英語專業國際化的屬性決定了該專業學生其他專業學生更需要國際化的課外活動。我們可以創造條件，舉辦各種中外學生聯合活動，如國際學生演講比賽、中外學生聯合演出、創業設計大賽等活動。這

些活動都能夠極大地擴展學生的國際視野、提高他們國際化的素質並且促進整個商務英語學科建設工作。

#### 7.2.2.2 建立國際化人才培養保障制度

保障制度的建立主要包括三個方面的內容：①設立專門的機構，負責高等教育國際化的工作。高校的高等教育國際化的推進是一項系統工程，既是高等教育自身發展的需求，也是一種自上而下需要有主要決策者領導和支持的系統工程。專門機構的設置主要是負責對高校的有關國際化的事務進行協調和監督以及與國際化活動相關的政策。比如促進學分和學位國際認同制度的建立、制訂國際性的暑期教育計劃、制定各種目標政策、獎勵刺激措施，並負責政策和措施的實施與監督。②制定相關政策、措施，使各級領導者可以通過組織、協調工作保證國際化教學資源能夠充分分配給商務英語專業的教學工作，比如國際組織和發達國家提供的人員培訓、教育咨詢、圖書和設備等的資源分配，等等。③建立國際化的人才質量評價體系。建立國際化人才質量評價體系的一個重要途徑是建立與先進國家同類院校人才評價指標體系的校際對照測評制度。通過比較，可以發現自己的不足，並且得到啓發，適時調整自己的人才培養方案。西方國家經過多年的實踐，已經總結了一整套比較客觀的高等教育評估體系，這一體系已被實踐證明是行之有效的。中國高校如果能夠在人才培養評價方式上與國際高等教育接軌，不僅有利於中國學生到國外求學深造，還將有利於中國人才走向世界，滿足國際勞動力市場的需求，參與國際性競爭。

## 7.3　加強教師管理工作

教學工作是人才培養工作中最重要的因素，而教師是教學效果好壞的關鍵因素。教學管理工作的核心應該是對教師的管理。當前，商務英語專業教師管理方面的主要問題是在教師學術評價體系、教師教學工作評價體系、教師專業素質構建制度等方面還有一些不合理或不完善的地方。我們需要加強這些方面的建設。

### 7.3.1　建立以教學學術為中心的學術評價體系

傳統的學術觀念認為只有對高深學問的研究探討、發表學術文章和著書立說才是真正的學術。不少教學管理者和教師認為教學工作是知識含量低的工作，是簡單的重複性勞動，沒有學術性，不如科研工作更有知識含量、經濟效

益和成就感。對於教師的評價、獎勵制度，尤其是職稱晉升的標準都明顯傾向於遠離教學活動的學術研究，以至於有的教師認為教學對於科學研究沒有幫助，甚至可能會影響和妨礙科研工作的進行。這樣的觀念不利於教學質量的提高。商務英語學科源自語言教學實踐活動，人才培養又以應用型人才培養為目標，教學是本學科賴以生存的根本，因此教學工作顯得尤為重要。對於商務英語人才的培養而言，教學是生命，也是學科未來發展的依托。教學管理部門的一個重要職責是引導教師樹立教學學術思想。教學學術思想就是把教學工作看成是專門的學術研究。教學學術擴大了學術的範圍[1]。提倡教學學術思想可以促使教師和教學管理者正確認識大學教師的職責和教學工作的重要性，促使教師努力研究教學，提高教學質量。為了樹立管理人員和教師的教學學術思想，必須建立以教學學術為中心的評價體系，以此提高管理人員和教學人員對教學的重視，認可教學以及教學研究工作的價值。

　　建立以教學學術為中心的學術評價體系是促進人們形成教學學術思想的有效途徑。這一評價體系的建立需要從三個角度出發：①教學學術評定標準的制定。將教學學術納入學術評價體系的困難在於有的教學成果很難進行量化評價。對於那些沒有發表在公開出版刊物中的教學研究成果，多數學校一般不予認可，這會傷害一線教師教學研究的積極性。教學管理部門應該細化各項評價標準，對於那些無法通過對號入座的方式進行量化評價的教學成果，可以採用專家評定的方法對教師在任何有關領域進行的教學研究工作給予認可。比如為教學方法的改革提出實施建議、為教學大綱革新出謀劃策、對課程建設提出意見和建議以及各種教學反思工作都得到應有的認同。在評價工作中注重定量和定性相結合的方法，合理分配各項指標的權重，客觀、公正地評價每位教師的教學學術成績。同時，評定標準要力求多樣化。人性化的教學不僅體現在針對學生個性進行分類培養方面，還應體現在對教師素質和教學成果的要求上。不同類型的老師有著不同的專業特長和個性差異，要對於他們形成相應的學術成果評價標準，這有利於保護他們的學術興趣和學術研究的深入，從而促進整體教學水平的提高。②將教學學術納入職稱評定及崗位要求。傳統的職稱評定是以學術成果量為主要標準的，教學工作成為了基本要求，在達到了基本要求之後，就沒有了增加砝碼的空間，而對科學研究的要求又不能被教學工作所替代，致使教師對教學工作的熱情受到抑制。要建立教學學術為中心的評價體系，就應該在職稱評定方面對教學學術工作和科研工作等效評價，也就是說教學成果和科研成果可以互相替代。這樣的制度安排能夠激發教學人員的教學研

---

　　① 陳研旻. 教學學術視角下的高校教學管理改革研究——以山東財經大學為例 [D]. 濟南：山東財經大學，2013.

究積極性，極大促進教學水平的提高。同時在教師崗位和職責要求中應該提出對於教師教學研究工作的基本要求，制定硬性標準，確保教師認真對待教學工作，而不是只把教學當成一種任務，草草完成了事。③建立教學學術獎勵制度。對教學研究的獎勵是從精神和物質兩方面進行認可的行為。獎勵制度要有普遍性。如果學校管理部門只對獲得了國家級、省級或市級獎勵的教學成果進行物質和精神獎勵，對廣大默默無聞從事著教學實踐和教學研究的教師來說是起不到激勵效果的。獎勵制度應該具有普遍性，對於所有的教學成果，都應依照其評定級別和教學效果給予適當的精神或物質獎勵。④評價主體多樣化。為了使教學學術評價更加客觀，對於教師教學學術水平的評價主體不應只限於教學管理部門。應該結合教學活動所有參與者對教師的教學進行綜合評價，可以結合同行評價、領導評價、學生評價、教師自評和專家評審團的評價結果給予最終的成績評定。

### 7.3.2 嚴格教學質量管理

教學質量或者說人才的培養質量始終是高等學校的生命線。廣義的教學質量管理包括：招生過程的質量管理、計劃實施過程的質量管理以及教學過程的質量管理、教學輔助過程的質量管理、考試管理。狹義的教學質量管理主要是指教學過程的質量管理，即為了保證課堂教學的質量，對於教師的教學過程的管理和監控。對於商務英語專業來說，質量管理工作沒有前車之鑒，面臨的是從無到有的開拓性任務。這種情況下，教學管理部門的主要任務是要建立起教師課堂教學質量保障和監控體系。

教學保障體系與監控機制應當包括以下幾個步驟：主要教學環節的目標；根據設定的目標建立標準；根據標準通過多渠道獲取信息；信息的分析、加工和整理；信息的反饋；教學質量改進的支持系統。

①主要教學環節目標的設立。這是對於每一堂課進行質量保障和監控的基礎和依據。教學目標不能根據個人的偏好和能力的強弱隨意設置。對於每一門課程來說，都需要制定統一的教學目標。目標的制定要經過本學科的專家和教學人員共同研究探討，要符合學科認知特點和學生學習規律。教學目標的科學性和統一性決定了人才培養的規範和科學，確保學科的權威性。②建立符合教學目標的教學標準。每一個教學環節的目標都必須設立統一的標準。目前，對於商務英語的教學質量標準控制普遍處於空白時期。由於課程設置的隨意性和教材選用的任意性，對於各教學環節目標的標準也沒有統一的管理，不同的老師會為學生設立不同的標準，有的教師只注重學生的語言技巧，對於專業知識

的體統掌握不太重視。有的教師會偏向於學生專業知識面的擴大而忽視語言的訓練。在考試標準方面，也存在缺乏科學性和統一性的問題。不同的教師對於同一門課程的考試要求也會標準各異，相差很大。失去了統一標準，該課程的教學質量就難以得到保證。長此以往，受到損害的必定是商務英語人才的質量。因此，必須對教學各環節的標準進行統一化管理。③信息的分析、加工和整理。這裡主要是針對從教學督導人員、學生信息員、普通學生和同行教學觀摩等途徑獲得的教師課堂教學信息進行分析和整理，以便從多角度、多層次對教師的教學行為進行評價。這種評價不是簡單的數學運算結果，而是經過學科專家和教育專家的共同評定形成的評價結果，具有客觀、公正、科學的性質。④信息的反饋。信息的反饋主要是將教學評價結果及時地反應給任課教師，為的是幫助教師對自己的教學行為進行客觀的反思、主動的改進。目前，商務英語教學的質量評價體系尚未完善，教學反饋缺乏科學的整理與提煉環節，不能完整反應教學質量的高低。而且多數院校反饋途徑也不健全。多數教師不能及時得到教學反饋意見。即使有的院校具有網絡評分系統，但由於評分系統管理粗放，並不能全面、具體地反應問題。今后，教學管理部門應該把教學反饋工作做得更細、更具體，讓教師和學生都受益於教學質量評價工作。⑤教學質量的改進是整個教學質量保障體系和監督機制的最終目的所在。教學質量的改進不能全靠教師自身的自覺行為，需要一個機制來輔助完成。這就是支持系統。可以設立教學質量改進小組，由學科權威專家和骨幹教師組成，共同研究每個教師、每個環節的教學評價信息和反饋意見，組織集中聽課，再次進行科學的評價，最后提出改進意見，促進教學質量的提高，避免隨意性和盲目性。

### 7.3.3　教師專業素質培訓制度的建立

教師隊伍的專業素質是人才培養的關鍵所在。教師的在崗培訓和脫產培訓都是非常重要的素質提高手段。教學管理部門的制度支持是教師培訓工作的有力保障。商務英語教師應該是「雙師型」教師，也就是集教師素質和行業素質於一身的教師類型。對於商務英語教師的專業素質培訓主要在於理論知識的培訓、專業實踐能力的培訓以及教學實踐能力培訓。教學管理部門應該保證教師培訓經費的投入和制度的建立，以這三種方式提高教師的專業素質：①理論知識的培訓，包括專業理論知識和教學理論知識。對於主要以英語語言教師組成的商務英語教師隊伍，專業理論知識培訓應該側重商務學科的知識體系培訓。這是商務英語教師隊伍普遍「語言強，商務弱」的現狀所決定的。要培養複合型的商務人才，教師首先就應該是複合型的教師。如果教師自身專業知

識體系存在不足，那麼學生的培養一定會受到極大的影響。教學管理部門應該建立制度，為教師提供條件進行專業理論的學習，比如應該有計劃地組織教師通過脫產進修、在職讀研、讀博等方式增強教師專業素質。教學理論知識的培訓也是教師培訓的重要內容。對於高校的管理者來說，強化對教師的教學培訓，形成制度，定期對教師進行教學理論培訓是提升教師教學水平的有效途徑。通過定期的理論培訓，教師可以獲得最新的教育教學理念，更新和完善教學理論知識和技能，不斷適應新時期高等教育對教學學術的要求。培訓手段可以是舉辦講座、教學研討、教學指導、教學觀摩等多種形式。②專業實踐能力的培訓。專業實踐對應用型人才培養來說非常重要，對於培養應用型人才的教師來說更加重要。如果自身沒有實踐經驗，課堂中的教學就會偏於「紙上談兵」，不切實際。教學管理部門可以聘請涉外企業的領導或管理人員來校介紹世界及國內企業對外開展商貿活動的狀況及經驗，以便於商務英語教師開闊視野。但更重要的是學校要通過與涉外企業簽署聯合建立實踐基地協議的方式，形成有條件的校企人力資源共享機制，鼓勵教師到企業去掛職實習，參與企業的管理，並在參與過程中進行教學實踐研究。③教學實踐能力的培訓。教學實踐能力的培訓最有效的方式是「傳幫帶」方式的培訓。商務英語學科是一個年輕的學科，處於人才培養第一線的教師隊伍也偏於年輕化，教學經驗缺乏。鑒於教師隊伍年輕化的狀況，可以採取「傳幫帶」「導師制」等方式來幫助青年教師提高綜合素質。教授、副教授、優秀教師和年輕的講師可以結為對子，採取一幫一的辦法把自己的教學經驗、專業知識及實際操作經驗傳授給青年教師。在傳幫帶中，要注意挖掘年輕教師的潛在能力，揚長避短，使其形成自己獨特的教學風格及科研特色。開展「傳幫帶」可以採取召開座談會、教授講座、輔導答疑、共同研究教案設計、共同進行課堂活動設計以及共同進行作業批改等方式進行。

## 7.4 加強商務英語專業教材管理

教材在教學活動的諸環節中處於重要的地位。教材應該體現教學大綱的要求，是實現教學目標的重要保證。商務英語教材服務於複合型英語人才的培養，本身必須具有跨學科屬性，所以它不僅需要具有一般教材的科學性、可讀性、知識性、思維性、啟發性和教學的實用性外，還應具有其自身的特徵：實用性、層次性、綜合性和靈活多樣性，也就是說，教材所包含的專業內容和語言內容必須適應商務英語人才培養目的的需要，要適合知識建構的規律和學習

規律。教學管理部門有責任對教材的使用進行監督和管理,保證教學目標和人才培養目標的實現。

目前,各高校商務英語專業使用的教材呈現兩種趨勢,一種是教材過於強調語言,其內容和練習純粹以語法、詞匯練習和英漢互譯等傳統型練習為主。另一種是內容「過專」的教材,對於沒有專業理論基礎和專業詞匯基礎的學生而言難度過大。有些教材甚至原封不動照搬國外原版教材,缺乏明確的針對性,違背了語言和專業都要循序漸進的基本原則。以上兩種教材方面的問題都會影響商務英語專業複合型知識的系統學習。因此對教材的科學管理成為教學管理部門的重要任務。教學管理部門從兩個方面規範商務教材的使用:教材的選用和組織教材的編寫。

首先,教材的選用工作。要避免教材選用的盲目性和隨意性,就要首先對教材進行初選。商務英語教材既要反應語言的複雜性,也要能夠讓商務學科內容在學生能夠駕馭語言的基礎上得到系統性的滲透。教材的初選要依據語言理論、語言習得理論、商務學科知識學習理論和教學理論的指導來進行。然後要對教材信息,包括出版社的信息,編者的介紹、有關書評和讀者的反應進行全面的了解。在初選的基礎上,作進一步的比較和分析。可以聘請學科專家和教育專家共同從教學對象、目標、計劃、內容、教學法、教學條件及教師水平等方面進行客觀、全面的分析,最後確定所需要的系列教材。

其次,組織教材的編寫。在不能選到適合本專業教學目標的教材情況下,可以撥出資金,鼓勵商務英語教師自己編寫適合的教材。處於商務英語教學第一線的教師對教學需求、學生需求最為了解,在教材建設方面最有發言權。教學管理部門要從兩個方面對教材編寫進行管理:制定編寫標準和教材評估。①制定標準。語言學專家 Hutchinson 和 Watershed(1987)提出了以「需求分析」作為評價教材的標準。他們認為教材應當最大限度地滿足使用者在學習基礎、學習目的和學習興趣等方面的需求。管理部門在組織教師編寫教材前應組織人員撰寫需求分析報告,分析教材使用者在學習基礎、學習目的和學習興趣等方面的需求,提出教材編寫標準,然而再組織本專業專家和學者對使用者需求分析報告和教材編寫標準進行評估、分析,最後確定教材的具體內容和編寫者的人選。②教材初稿評估。教材初稿完成之後,教學管理部門應該組織專家學者對初稿進行評估,從教材的語言內容、專業內容、難度、梯度、實用性等多個角度進行評估,給出意見。不符合要求的需要重新編寫。嚴格的教材使用管理和監督工作能夠幫助商務英語專業更加順利地實現課堂教學和人才培養目標,具有非常重大的意義。

國家圖書館出版品預行編目(CIP)資料

高校商務英語人才培養研究 / 柳葉青 著. -- 第一版.
-- 臺北市：財經錢線文化出版：崧博發行, 2018.10

面；　公分

ISBN 978-986-97059-6-7(平裝)

1.高等教育 2.人才 3.培養 4.中國

525.6　　　107017680

書　名：高校商業英語人才培養研究
作　者：柳葉青 著
發行人：黃振庭
出版者：財經錢線文化事業有限公司
發行者：崧博出版事業有限公司
E-mail：sonbookservice@gmail.com
粉絲頁　　　　　　網　址：
地　址：台北市中正區延平南路六十一號五樓一室
8F.-815, No.61, Sec. 1, Chongqing S. Rd., Zhongzheng Dist., Taipei City 100, Taiwan (R.O.C.)
電　話：(02)2370-3310　傳　真：(02) 2370-3210
總經銷：紅螞蟻圖書有限公司
地　址：台北市內湖區舊宗路二段 121 巷 19 號
電　話：02-2795-3656　傳真：02-2795-4100　網址：
印　刷：京峯彩色印刷有限公司（京峰數位）

　　本書版權為西南財經大學出版社所有授權崧博出版事業有限公司獨家發行電子書及繁體書繁體版。若有其他相關權利及授權需求請與本公司聯繫。

定價：350元

發行日期：2018 年 10 月第一版

◎ 本書以POD印製發行